STEFFEN KRANTZ

Büro, Bahn, Baumarkt

ÜBERLEBEN IM ALLTAG

Das humorvolle Handbuch fürs Office und anderen Wahnsinn

Umweltschutz: Der Druck erfolgt in chlorfreier Tinte und das säurefreie Papier für den Innenteil des Buches wird von einem Anbieter mit Forest Stewardship Council-Zertifizierung bezogen. Alle Abfälle, die beim Drucken entstehen, werden ordentlich recycelt und verwertet. Der Druck dieses Buches wird über ein Print-on-Demand-Verfahren abgewickelt. So werden nur Bücher angefertigt, die auch benötigt werden. Dies spart Ressourcen und schont die Umwelt.

Inhaltsverzeichnis

Einleitung

„Erstens kommt es anders und zweitens als man denkt.“

© Karl Schramm

Kennen Sie das? Tage, Situationen und Umstände, bei denen man das Gefühl hat, irgendwo müsste eine versteckte Kamera stehen und jemand erlaubt sich mit Ihnen einen riesigen Scherz? Geradezu unheimlich fühlt es sich an und Sie hoffen, dass dieser Jemand irgendwann aus einem Gebüsch springt oder hinter dem Schreibtisch hervorschaut und das Rätselraten in Ihrem Kopf auflöst. „April, April!“ oder die Frage „Verstehen Sie Spaß?“ vernehmen Ihre Ohren dann und Sie sind heilfroh, dass sich doch noch alles aufgeklärt hat!

Hier kommt die ernüchternde Nachricht: Leider wird das nicht passieren.

Ich kann nicht einmal sagen, ob diese Nachricht gut oder schlecht ist, so sehr bin ich an das gewöhnt, was sich „ganz normaler Alltagswahnsinn“ nennt.

Dieser tägliche Irrweg zwischen Wecker, verkohltem Toast, der 90-minütigen S-Bahn-Verspätung am Sackbahnhof Mitte und einem Bürokaffee, bei dem sich schon beim ersten Schluck das Magengeschwür erahnen lässt – ich kann Ihnen versichern: Vergessen Sie, irgendetwas davon verstehen zu wollen!

Sie werden nicht dahinterkommen. Nicht hinter diese unerklärbaren Dinge, die Sie an Ihrem eigenen Verstand zweifeln lassen und glauben machen, Sie seien Mitglied in einem verrückten Verein, der

Logik aus seiner Satzung gestrichen hat. Es ist, als ob man Zwiebeln zum Weinen bringen möchte.

Tage, die damit beginnen, dass die Katze über Nacht im Kleiderschrank ein Kundalini-Yoga-Retreat abgehalten hat und meinte, es wäre eine großartige Idee, alle Hemden als Yogamatten durchzutesten.

Solche Tage, an denen man morgens wieder mal in diesem nervigen Stau steht, die Tanknadel gegen null zeigt, man sich den Coffee to go über die Hose gekippt hat und feststellt, dass dieser „quirlige" Ingo vom FM 80 schon wieder Whitney Houstons „I Wanna Dance With Somebody" herunterleiert. Seit Wochen macht der das. Man kann den Sender nicht wechseln, das Gerät ist kaputt. Es geht keine Bluetooth- oder Audio-In-Funktion mehr. Nichts davon geht mehr, nur noch FM 80 oder „aus".

Der Scheibenwischer scheuert auf höchster Stufe auf der Frontscheibe, weil es draußen apokalyptisch regnet. Das Smartphone klingelt und die Mutter ist dran. Sie will wissen, was es bedeutet, wenn der Computer fragt: „Wollen Sie die Festplatte wirklich formatieren?"

Und während man sich dabei ertappt, dass man schon seit einer halben Stunde den Satz „Auch das noch" ausspricht, versucht der Verstand herauszufinden, warum das Universum wieder mal so eine besondere Art von Humor hat.

Schlechter kann der Tag nicht werden, denken Sie vielleicht, doch glauben Sie mir: Er kann! Das ist alles noch harmlos. Der Tag hat nämlich gerade erst angefangen. Sie sind ja noch nicht einmal auf der Arbeit angekommen! Denn da geht es erst richtig los. Und der Feierabend! Ahnen Sie, welche weiteren Katastrophen, Missgeschicke und Pannen noch in den tiefsten Abgründen schlummern, nur darauf wartend, geweckt zu werden?

Einen Ratgeber zu schreiben, der davor warnt, solche Tage und Situationen zu vermeiden, ist wirklich eine Herausforderung. Er würde im Grunde nur einen Satz enthalten: „Stehen Sie gar nicht erst auf, gehen Sie nicht vor die Tür und atmen Sie nicht!"

Da man ohne atmen, aufstehen und hinausgehen aber gar nicht existieren würde, kann es auf den alltäglichen Wahnsinn nur eine Antwort geben: Nicht fragen und einfach weitergehen. Selbst dann, wenn Sie denken, dass man diesen gebrauchten Tag nicht mal für einen Euro bei eBay loswerden wird.

In diesem Buch erzähle ich Ihnen Dinge auf dieser Reise des täglichen Wahnsinns. Sie alle haben mit den Fallstricken der menschlichen Zivilisation zu tun, die man nicht verstehen kann. Ob Sie Shampoo mit Zahnpasta verwechseln oder versuchen, eine Bahn zu bekommen, die ohnehin nie ankommt, lehnen Sie sich einfach zurück.

Und als Tipp, bevor es losgeht: Denken Sie bei allem immer daran, Gott hat Humor! Da braucht man sich nur mal den Nasenaffen anzusehen.

Ach, und beinahe hätte ich es vergessen: Für etwaige Ratschläge in diesem Buch übernehme ich keine Haftung. Nicht dass ich nicht davon überzeugt wäre, aber meine Haftpflichtversicherung hat mir letztens die Kündigung geschickt, nachdem der Pflegedackel meiner Tante Gitti – den ich ab und an mal ausführe und der *Buffi* heißt – zum wiederholten Mal diverse Sofas und Sessel von Freunden zerlegt hat. Letztens war der Kleine so kämpferisch drauf, dass sogar ein Gartenzaun umgefallen ist, weil er einen entscheidenden Holzpfeiler mit einem Knochen verwechselt und durchgekaut hatte. Leider hatte ich bei Vertragsabschluss der Police vergessen, anzugeben, dass ich einen solchen Dackel betreue.

P.S.: Noch ein Hinweis für das Lesen dieses Buchs: Die Passagen, die unglaublich erscheinen, sind tatsächlich geschehen. Die Stellen, die banal wirken, sind hingegen erfunden.

Kapitel 1

Aufstehen für Anfänger

„Der frühe Vogel kann mich mal."

© unbekannt

Morgengrauen

Laut Enneagramm bin ich eine Neun. Sie wissen nicht, was ein Enneagramm ist? Das macht nichts. Die Neun in diesem Zahlenkreis beschreibt mich als Typ. Eine Neun kann alles, sie ist ein Allrounder. Ich kann Volleyball spielen, ein bisschen surfen, IT-Aufgaben übernehmen, ganz gut tanzen, Wände mit Rigips verkleiden und spachteln, Aufnahmeleiter in einem Synchronstudio sein, so schwimmen, dass ich nicht untergehe, Bremsen beim Auto erneuern, Holzarbeiten machen, Englisch verstehen, habe psychologische Grundkenntnisse in Focusing und Gruppenarbeit, kann Schlagzeug spielen, Türklinken und Wasserhähne reparieren, mit Bitcoin traden, Umsatzsteuervoranmeldungen erstellen und habe Elektromechaniker gelernt. Ach ja, entgegen der Meinung, dass Männer nicht multitaskingfähig sind: Ich kann Kaugummi kauen und rückwärtsgehen, und zwar gleichzeitig!

Neuner können von allem ein bisschen, sind aber nirgends Meister. Aufgrund meiner vielen Talente, von denen ich keines wichtig genug nehme, um darin ein Experte zu werden, bin ich in der Lage, so ziemlich jeden Job anzunehmen, der da draußen in der Welt lauert. Ich bin sozusagen der Flexitarier unter den Arbeitsfähigen. Manchmal denke ich, ich könnte einen Elfmeter schießen und ihn gleichzeitig selbst halten. Stürmer und Torwart in einem, aber trotzdem nicht gut genug für irgendeine Mannschaft.

Dazu wurde mir eine, für die Neun untypische, Eigenschaft in die Wiege gelegt: Vergesslichkeit. Es ist jedoch etwas trickreich, denn diese Vergesslichkeit bezieht sich nur auf das Kurzzeitgedächtnis. Wenn Sie mich fragen, was am 12. Juni vor sechs Jahren war, könnte ich Ihnen den ganzen Tagesablauf schildern. Wo ich aber gerade meinen Schlüssel, meine Brille und mein Smartphone hingelegt habe: zum Verrücktwerden. Ich bin ständig am Suchen. Welche Enneagrammzahl das betrifft? Ich habe keine Ahnung.

Momentan helfe ich in einem größeren Unternehmen als Fachlagerist aus. Also nicht, dass ich vom Fach wäre; es geht darum, verschiedene Dinge in große Fächer einzulagern. Die Anforderungen waren nicht besonders hoch: körperliche und psychische Belastbarkeit, Schnelligkeit, Orientierungssinn, räumliches Vorstellungsvermögen, mathematische Fähigkeiten. „Habe ich alles“, dachte ich mir und nahm den Job als Überbrückung an, bis ich im Sommer wieder Eis in Scharbeutz verkaufe oder was sich sonst so anbietet. Derzeit gibt es noch eine Option, als Begleiter Flugzeugteile von Hamburg nach Toulouse zu fliegen.

Was mir beim Fachlageristen erst später bewusst wurde, war die Anforderung an eine Fähigkeit, die ich gar nicht gut beherrsche: früh aufstehen.

Als ich den Job annahm, dämmerte es mir schon nach drei Minuten und eine Erkenntnis fiel mir wie Schuppen von den Augen: Irgendjemand hatte sich doch irgendwann mal tatsächlich den absurden Plan ausgedacht, dass es ökonomisch sinnvoll wäre, im tiefsten Dunkeln aufzustehen – entgegen der menschlichen Biologie, die immer und ausnahmslos ausschlafen möchte, vor allem meine Biologie.

Das Wort Morgengrauen hatte für mich in diesem Kontext einen geradezu albtraumhaften Charakter, und ich wurde (wie ein Pferd es tut) zum Etappenschläfer, nur ohne Tiefschlaf. Das machte mich nach nunmehr zwei Wochen zu dieser Art Morgenmuffel, der ich gar nicht sein wollte, denn ich bin von Grund auf ein freundliches Kerlchen. Ich biete alten Damen im Bus meinen Platz an und dränge mich auch nicht vor, wenn im Supermarkt eine weitere Kasse geöffnet wird. Es sei denn, Deutschland spielt gegen Spanien. Da muss ich schnell nach Hause kommen.

Dieses Aufstehen im Dunkeln jedenfalls, es war das blanke Grauen. So wie auch heute Morgen, begleitet von einem neuen

Klingelton auf meinem nicht ganz so neuen Smartphone. Gestern Abend dachte ich noch, zumindest dieser Ton wäre sehr harmonisch, um in den Tag zu starten: „Ach, den nehme ich mal. Als Abwechslung zu dem, den ich sonst nehme. Der ist doch ganz gut!“, murmelte ich.

In kindlich naiver Selbstverständlichkeit machte ich einen Haken daran, schlief ein und träumte davon, wie ich beim Schwimmen Amerika entdeckte und bei meiner Ankunft am Ufer ein großes Regal mit Kartons wartete, um ausgeräumt zu werden.

Apropos Kartons, kennen Sie eigentlich den?

Kommt ein Schotte aufs Standesamt und will seinen Namen ändern lassen. Der Beamte fragt ihn nach dem Grund. Darauf der Schotte: „Ich habe da gestern einen Karton Visitenkarten auf der Straße gefunden.“

Der Witz dauert etwas, bis er ankommt, ich finde ihn allerdings gar nicht schlecht, muss ich gestehen. Aber zurück zum Morgengrauen.

Nein, dieser Klingelton war alles andere als ganz gut. Seit 05:43 Uhr durchströmte dieser Ton der Finsternis jede meiner Gehirnwindungen. Ein dunkler Fürst aus *Dark Souls* musste diesen Klingelton erfunden und dafür eine Vertriebsstelle ausfindig gemacht haben. In der Dunkelheit suchte ich das Smartphone, um den Ausknopf auf „aus“ zu wischen. Ich fragte mich, wo dieses verflixte Ding nur herumlag, nachdem ich eine Weile auf dem Fuß der Nachttischlampe hin und her gewischt hatte und nichts passiert war.

Endlich erblickte ich das Smartphone. Es hatte sich vom Nachttisch herunter vibriert und zitterte sich nun mit leuchtendem Display in Richtung Badezimmertür. Intuitiv wollte ich etwas sagen, doch meine Zunge klebte pattexartig am Gaumen fest. Ein mir unbekanntes Brummen entwich meinem Mund und erinnerte an den Kehlkopfgesang eines übergewichtigen mongolischen Mönchs, der gerade Grippe hat. Oje, auch das noch. Ich ließ mich mit dem Oberkörper über die Bettkante fallen und erhaschte das klingelnde Monster. Der Ton erlosch. Nicht aber, weil ich den Ausknopf gefunden hatte – nein, der Akku war leer. Na toll.

Nachdem ich bereits halb auf dem Boden gelegen hatte, entschied ich, dass es vielleicht schön wäre, meinen gesamten Körper auf den Fußboden fallen zu lassen. So entstand vielleicht zumindest schon mal der Eindruck, ich sei aufgestanden.

Mit einer Rolle vorwärts landete ich auf dem Teppich. Ach, ich sage Ihnen, der war ja so herrlich kuschelig! Ich rollte mich wie eine Katze zusammen, in der Vorstellung, gerade Frühstück bekommen zu haben und nun einen artgerechten sechzehn- bis achtzehnstündigen Stubentiger-Schlaf fortzusetzen. Im nächsten Leben werde ich Hauskatze. So eine gestreifte mit einem weißen Sabberlatz. Ich finde, das ist eine super Idee! Ich gebe schon mal eine karmische Bestellung auf, dachte ich.

Unmotiviert lag ich eine Weile auf dem Teppich und es klingelte plötzlich etwas anderes in meinem Kopf, nämlich Sätze meiner Mutter: „Junge, es nützt ja nichts! Muss ja! Was soll man machen! Ohne Moos, nichts los!“

Die Art, wie ich bei diesen Worten an der Sonntags-Kaffeetafel immer beliebte, mit den Augen zu rollen, verhalf mir jetzt – in einem Zustand halber Bewusstlosigkeit – doch dazu, wirklich aufzustehen.

Ich knipste die Lampe an, stöpselte das Telefon ans Ladegerät und trottete ins Bad, dort, wo vor Jahren eine Fachfirma die intimen Zeugen Dusche, Waschtisch und WC installiert hatte.

Wussten Sie eigentlich, dass das deutsche Durchschnittsbad aktuell 9,1 Quadratmeter beträgt und 46 Prozent aller Haushalte ein separates WC besitzen? Statistisch gesehen sollen es täglich 2,1 Personen nutzen. Meine Wohnung scheitert an all diesen Hürden. Bei knappen 6 Quadratmetern ist alles drin, und die Gefahr, beim Duschen zu weit hinauszuschwimmen, ist äußerst gering.

Ich frage mich ernsthaft, wie man 0,1 Personen zusammenbekommt. Wie kommt man auf diese Zahl? Selbst bei der morgendlichen Rushhour in einem Mehrpersonen-Haushalt reden wir von drei, vier oder auch mal sechs Menschen. Ist das, wenn man nur kurz den Fuß oder die Nase hineinhält? Ist man dann 0,1 Person? Sehen Sie es mir nach, diesen vagen Vergleich anzustellen, aber das klingt, als ob man schwarze Filzstifte nach der Farbe sortieren könnte.

Apropos Farbe. Als ich nach gefühlten zwei Stunden endlich vor dem Spiegel stand, fiel mir als Erstes eine etwas kränklich anmutende Farblosigkeit in meinem Gesicht auf. Gut, ich könnte die Lampen mal von kalt- auf warmweiß umtauschen, dachte ich, und als ich den Gedanken „Ich kenne dich zwar nicht, aber ich wasche dich trotzdem“ aussprechen wollte, sah ich etwas im Spiegel, das alles andere als farblos war. Ist das etwa …?

Lippenstift?

Tatsächlich. Da stand etwas mit Lippenstift. Knallrot unten links in der Ecke, mit einem schwungvollen Herz als Ausrufezeichen:

Weil du doch immer so vergesslich bist, hier die Erinnerung: Du brauchst heute nicht aufzustehen, es ist Feiertag! Kuss Nina

Ich sage Ihnen, das war, als ob man sich mit dem Bunsenbrenner den Scheitel föhnt oder in Flensburg sechs Punkte erlassen bekommt. Die Gesichtsfarbe kam augenblicklich zurück und wurde ganz rosig, ohne dass ich den Kopf unter kaltes Wasser halten musste.

Ich ging zurück ins Schlafzimmer, legte mich auf den Teppich und schlief den artgerechten Sechzehn-Stunden-Schlaf einer chinesischen Glückskatze.

Zwei Tage später verfasste ich mein Kündigungsschreiben.

„Sehr geehrter Herr Schlotterbohm,

ich schreibe Ihnen heute mit einer Mischung aus Bedauern und unkontrollierbarem Lachen, um meine Tätigkeit als Fachlagerist-Aushilfe zu beenden.

Nachdem ich eine Zeit lang zwischen Stapeln von Kartons und gelegentlichen Begegnungen mit stapelwütigen Roboterstapler-Streikposten verbracht habe, habe ich beschlossen, dass es an der Zeit ist, meine Karriere in der Welt der absurden Unternehmensabenteuer voranzutreiben und einen Posten anzunehmen, der dann beginnt, wenn auch ein Hahn gedenkt aufzustehen.

Es war eine reine Freude, Teil dieses verrückten Puzzles zu sein, in dem wir mehr Zeit damit verbrachten, herauszufinden, wie man die Kaffeemaschine wieder in Gang bringt, als tatsächlich Waren zu stapeln.

Die epischen Heldenreisen durch die Tiefen des Materiallagers werden mir immer in Erinnerung bleiben, jedoch darf man sich nicht selbst belügen. Man sollte keine Arbeiten verrichten, für die man nicht geschaffen ist. Das wurde mir klar, als ich gestern Morgen in den Spiegel geschaut habe: Mein Riechkolben war angesichts der Lebenslüge fast drei Meter lang, und ich konnte nicht mehr an das Waschbecken herankommen, geschweige denn ins Bad gelangen.

Mit den besten Grüßen und einem letzten Karton voller Dankbarkeit

Ein Reisender“

Pfefferminzdrops aus der Tube

Letztens erzählte mir ein Freund eine Anekdote aus seinem bescheidenen Nähkästchen morgendlicher Katastrophen.

„Mein Gott, was riecht hier eigentlich so nach Minze?“

Die Kollegin, die das sagte, fiel nicht nur durch ihren Namen auf: Gundula Kaulbarsch. Sie fiel auch schon immer durch ihre Nase auf. Nicht durch die Größe, sondern durch die Empfindlichkeit ihres Riechwerkzeuges, so sagte mein Freund. Gundula Kaulbarsch roch ständig etwas und musste es auch immer herumerzählen. Sie konnte sogar am Grad eines muffigen Aktenordnergeruchs erkennen, wie alt dieser war, ohne auf die Beschriftung des Ordnerdeckels zu schauen.

Sie denken vielleicht, es müsste einen Zusammenhang geben, im Sinne von: je größer die Nase, desto stärker die Wahrnehmung von Gerüchen. Ich kann Sie beruhigen, den gibt es nicht.

Es gibt Menschen, die können drei Meilen gegen den Wind riechen, wer am Wochenende im Zirkus als Elefantenpfleger gearbeitet hat. Deren Nase kann so zierlich sein wie ein Mini-Pony in einer Streichholzschachtel.

Dann gibt es Menschen mit einem Zinken wie Gaius Julius Caesar, die neben einer offenen, abgelaufenen Gorgonzolapackung einschlafen können, als wäre nichts. Selbst wenn bei dem Gestank über Nacht die Fliegen von der Wand gefallen sind und bewusstlos auf dem Boden liegen.

„Ich rieche nichts“, sagte mein Freund, ohne vom Schreibtisch hochzuschauen.

„Doch, das riecht man doch! Total nach Minze!“, insistierte Gundula Kaulbarsch erneut und schnupperte wie Buffi, der Dackel meiner Tante, in der Luft herum.

Schon wie sie das Wort Minze dehnte: „Minzää!“ Mein Freund hätte an die Decke gehen können.

Natürlich wusste er, warum es so stark nach Minze roch. Er hatte morgens unter der Dusche nur die Tuben vertauscht, und als er es bemerkte, da war die Zahnpasta auch schon im Haar gelandet, verteilt und eingerubbelt.

„Du glaubst ja gar nicht, wie schwer dieser Geruch wieder herausgeht“, sagte mein Freund zu mir. „Selbst der Versuch, mit dem richtigen Shampoo nachzuwaschen, half nicht. Zwei Tage lang roch ich wie ein Pfefferminzdrops!“

Da kann man mal wieder sehen: Der Spruch „Augen zu und durch“ hilft nie und nimmer, besonders dann nicht, wenn es um den eigenen Kopf geht. Versuchen Sie sich also immer rückzuversichern, welche Tube Sie in der Hand halten. Sonst könnte es eines Tages passieren, dass Sie morgens Senf auf die Zahnbürste drücken.

Hallo Wach

Angesichts der abenteuerlichen Erzählung meines Freundes möchte ich doch einmal einen Versuch wagen, ernsthaft über Strategien in Sachen koordiniertes Aufstehen nachzudenken.

Wie also wäre es, den Tag wie Dackel Buffi zu beginnen: Mit wachen Augen in die Welt schauen und rufen: „Ach, du meine Güte! Wie herrlich, da ist ja schon wieder ein neuer Tag! Auf geht‘s. Wo ist mein Frühstück?“

Bei meinen Überlegungen stellte ich fest, dass es zur Erfüllung dieser Mission eine entscheidende Zutat braucht: ausreichend Schlaf.

Mein Kopf, der (soweit ich mitbekommen habe) nicht allein dazu da ist, einen Hut zu tragen, schlussfolgerte daraus eine einfache Sache: Früher ins Bett gehen! Sagen wir, sehr viel früher als um 00:30 Uhr. Die Bedtime Procrastination methodisch überwinden, um morgens Augenringe zu vermeiden, die so breit wie Traktorreifen sind.

Dazu habe ich einen Plan entworfen, der ein rechtzeitiges Ins-Bett-Kommen und Einschlafen garantieren soll und diesen an meine Kühlschranktür mit einem Post-it-Klebezettel geklebt. Sie können die Methode gerne nachahmen und Ihre Ergebnisse einem aufgeweckten Mitarbeiter der deutschen Gesellschaft für Schlafforschung zusenden.

1. **Abendliche Verabredungen vorziehen**: Laden Sie Freunde zu einem „Abendbrot um vier" ein und beenden Sie den Abend um sechs mit einem lautstarken gähnenden „Gute Nacht, Leute!"
2. **Wecker:** Stellen Sie sich einen Wecker, und zwar nicht auf morgens, sondern auf abends. Wenn dieser um 21:30 Uhr klingelt, dann wissen Sie, dass es Zeit wird, ins Bett zu gehen. Vergessen Sie nicht, den Wecker dann wieder auf morgens zu stellen, sonst verschlafen Sie womöglich.
3. **Serienmarathon am Morgen**: Serien sind Ihre Leidenschaft? Verlegen Sie den Serienmarathon einfach auf 04:00 Uhr morgens. Wenn sich der Rest der Welt noch im Schlummerland aufhält oder tibetische Mönche meditieren, haben Sie bereits eine ganze Staffel durch! Aber schauen Sie nicht Serien im Stile von „Downton Abbey". Sie werden gegen 04:30 Uhr wieder einschlafen und wachen dann gerädert auf. Dann war alles umsonst.

4. **YouTube**: Sollten Sie jemand sein, der abends schwer davon wegkommt, sich mit YouTube-Inhalten zu beschäftigen: Suchen Sie sich die langweiligsten Themen aus, die Ihnen über den Weg laufen, sodass Ihnen automatisch die Augen zufallen. Zum Beispiel einen zweistündigen Einführungskurs über Microsoft Excel oder ein Unboxing des Regals Öresund eines dänischen Bettenlagers. Ziehen Sie vorher das Netzteil ab. Der Laptop oder das Tablet geht irgendwann von selbst aus, während Sie aber schon seit zwei Stunden selig schlafen.
5. **Smartphone-Zeit reduzieren:** Überwinden Sie die Smartphone-Zeit am Abend mit Entspannungsübungen. Lösen Sie zum Beispiel Kreuzworträtsel. Achten Sie darauf, dass diese *offline* in Zeitschriften stehen. Kaufen Sie Zeitschriften, die leichte Kreuzworträtsel haben. Sonst fangen Sie vielleicht an, doch wieder Ihr Smartphone einzuschalten und die Lösung zu googeln.
6. **Spätes Essen vermeiden**: Klingeln Sie gegen 17:00 Uhr beim Nachbarn und überreichen Sie ihm Ihren gesamten Kühlschrankinhalt. Sagen Sie, Ihr Kühlschrank sei ausgefallen und dass Sie alles morgen wieder abholen werden. Vergessen Sie dabei nicht die Chips- und Salzstangentüten aus dem Hängeschrank. Betonen Sie, dass auch der Hängeschrank kaputt sei. Behalten Sie den Post-it-Zettel mit dem Plan und kleben Sie ihn an einen anderen Ort, zum Beispiel auf das Display Ihres Smartphones, auch um es nicht anschalten zu können. Symbiosen kennt schon die Natur, zum Beispiel zwischen Wal und Pilotfisch.
7. **Tagesrituale ändern**: Vermeiden Sie das Schlafen während der Arbeit. Verzichten Sie im Büro darauf, den Kopf in die Hände zu legen und so zu tun, als ob Sie arbeiten, um so vor sich hin zu dösen. Der Schlafdruck am Abend wird dann zu gering sein. Vermeiden Sie generell, nach Feierabend an die Arbeit zu denken. Für Fortgeschrittene: Konzentrieren Sie sich darauf, auch bei der Arbeit generell nicht über die Arbeit nachzudenken.

Sollten Ihnen noch mehr Beispiele einfallen, schreiben Sie diese in die Kommentarleiste des YouTube-Einführungskurses für Microsoft Excel. Achten Sie darauf, dass Sie den Satz beenden, bevor Sie eingeschlafen sind.

Kapitel 2
Pendler-Paradies

„Man reist nicht, um anzukommen, sondern um zu reisen.“

© Johann Wolfgang von Goethe

Rushhour - Alles fährt und nichts geht

Der Schauspieler Robin Williams sagte einmal treffend: „*Warum nennt man es Rushhour, wenn sich nichts bewegt?*"

Abgesehen von der grandiosen Frage, niemand kann genau sagen, wann das Wort „Rushhour" im deutschsprachigen Raum das Wort „Berufsverkehr" ersetzt hat. Vielleicht liegt es daran, dass uns das englische Wort täglich vor Augen führt, was man schon in amerikanischen Filmen der 1970er-Jahre sehen konnte. Bei dieser Vermutung scheint es egal zu sein, wie breit man eine Straße baut. Auch wenn sie zehn Spuren hätte, wäre sie morgens und abends voller Autos, die – wenn überhaupt – im Schritttempo fahren.

Das haben viele nachhaltig denkende Menschen schon bemerkt und sind auf öffentliche Transportmittel umgestiegen. Doch, oh Wunder, glauben Sie nicht, dass die Transportunternehmen dies bemerkt und die Taktung in Stoßzeiten enger gemacht hätten. Fahrpläne sind so behäbig wie alte Tanker. Und so stehen die Reisenden im Berufsverkehr dicht an dicht wie Sammelpfandflaschen in einem Getränkelager. Der Linienbus steht im selben Stau wie die Autofahrer, nur mit dem Unterschied, dass der Autofahrer wenigstens ab und zu laut schreien darf, wenn er für drei Ampeln schon zwanzig Minuten gebraucht hat.

Dabei fiel mir auf, dass alle Wege, die zu dieser Zeit zurückgelegt werden, unabhängig vom Fortbewegungsmittel, eines erzeugen: Stress. Laut vieler Studien ist das der Grund dafür, dass man Gefahr läuft, das Renteneintrittsalter nicht mehr mitzuerleben, weil man zu viel davon hatte. Die Liste der Herz-Kreislauf-Erkrankungen ist vielfältig.

Kurzum, ich habe mir überlegt, dass man dem Stress mit verschiedenen Techniken und Hilfsmitteln entgegenwirken könnte. Das beginnt schon bei der Auflösung von Glaubenssätzen.

Zum Beispiel mit dem Vorurteil, man hätte keine Zeit. Doch die haben Sie. Sie kommen ohnehin nicht früher an. Es dauert, wie es dauert. In unserer Evolution hatten wir so viel Zeit, dass wir uns von der Amöbe auf dem Meeresgrund zu dem entwickelt haben, was wir jetzt sind. Was ist da schon eine halbe Stunde und ein verzogenes Gesicht vom Chef? Er ist kein Dinosaurier, der uns zum Frühstück verspeisen wird.

Also nehmen wir an, wir haben Zeit, dann machen wir das Beste daraus.

Nehmen wir das Auto am Morgen. Gewissermaßen ist es unser zweites Wohnzimmer, in dem wir uns sicher fühlen, sonst würden wir den Vordermann nicht einfach anschreien – nebenbei, er hört es ohnehin nicht. Das Auto verleiht uns auf wundersame Art die Macht, unsere Wutinstinkte herauszulassen. Was wir in der Öffentlichkeit gesittet unterdrücken, bricht hier über uns herein. Die ganze animalische Qualität der Jäger und Sammler. Ich sage Ihnen was: Das ist eine ganz prima Sache. Schreien Sie, was das Zeug hält. Umarmen Sie Ihr Symptom.

Sie können sich auch verschiedene Utensilien aus dem Fachhandel zulegen, die Sie dabei unterstützen. Zum Beispiel einen Wutball, den Sie mit den Händen greifen können, bis sie schmerzen. Das schont auch das Lenkrad. Sie müssen die Hände am Lenkrad behalten? Vergessen Sie es, Sie stehen sowieso alle paar Meter, da ist Zeit genug.

Oder Sie legen sich ein paar dieser Schwimmschlangen aus Schaumstoff zu und schlagen damit auf das Armaturenbrett oder den Nebensitz, ohne etwas kaputtzumachen. Hauen Sie richtig drauf. Sie empfinden Ihr eigenes Schreien als zu laut? Stecken Sie sich Ohrstöpsel in die Ohren oder halten Sie sich ein kleines Kissen vor den Mund. Am besten eines, das jemand aus Ihrem näheren Umfeld handgeklöppelt hat, den Sie nicht mögen.

Sie werden überrascht sein, wie entspannt Sie im Büro ankommen werden, denn den ganzen Frust, den Sie dort erleben könnten, haben Sie bis dahin schon abgearbeitet.

Als Tipp: Das Ganze kann sehr schweißtreibend sein, achten Sie daher darauf, dass Sie immer die Lüftung laufen lassen.

Sie sind eher ein stiller Mensch, ein Gegner von Gewalt und lauten Tönen und suchen eine ruhigere Gangart? Bilden Sie eine Fahrgemeinschaft. Sie könnten während der Fahrt Gesellschaftsspiele spielen, zum Beispiel „Rushhour", bei dem man auf einem Spielbrett ein kleines Plastikauto geschickt durch einen Stau zu einem Ausgang führt. Achten Sie aber darauf, dass die Mitreisenden alt genug sind; das Spiel ist für Menschen unter acht Jahren nicht geeignet.

Wenn Sie zu zweit sind, wäre ein Schachbrett auf den Knien Ihres Mitreisenden gut platziert. Schach beruhigt und hilft, den Geist zu fokussieren. Achten Sie aber in diesem Fall darauf, dass Sie nicht abrupt bremsen, sonst fallen jedes Mal die Figuren herunter und Sie müssen von vorn anfangen, was wiederum ein zusätzlicher Stressfaktor wäre.

Bei diesen Beispielen gilt natürlich, dass keiner der Mitreisenden ein Schreihals ist. Andernfalls müssen Sie womöglich doch auf Schaumstoffschlangen und Wutbälle zurückgreifen. Abgesehen davon, dass es sich zu dritt noch besser schimpfen lässt. Sie merken schon, ich tendiere leicht zu der ersten Variante.

Sollten Sie doch lieber alleine fahren, beruhigen Sie sich mit kleinen Selbsterhaltungs-Dingen, um den Stressabbau zu fördern. Setzen Sie sich kleine Ziele, wie „Finde ein Auto in der Farbe Blau, in welchem mehr als eine Person sitzt" oder „Zähle zehn Lieferwagen, die nicht verrostet und verbeult sind".

Für Notfälle: Haben Sie immer einen Vorrat an Gummibärchen und Schokoriegeln dabei. Je nach Bedarf können Sie das Handschuhfach damit füllen oder gleich den ganzen Kofferraum.

Kommen wir zu den Nahverkehrsbetrieben mit ihren Bussen und Bahnen. In Boston hat man übrigens, um das Image aufzupolieren, einigen Straßenbahnen ein freundliches Gesicht auf die Front gemalt, sodass man sich freut, wenn diese einen erreichen, pünktlich oder nicht. Ich finde die Idee ganz gut, muss ich gestehen, und war schon versucht, dem Nahverkehr hierzulande vorzuschlagen, riesengroße Clownsnasen auf die Dächer der Transportmittel zu schnallen.

Nehmen wir an, Sie fahren kein Auto und sind generell nur mit den öffentlichen Verkehrsmitteln unterwegs. Sie stehen mal wieder im Bus oder in der Bahn. Egal, ob es morgens oder abends ist, Sie möchten gerne sitzen. Morgens, weil Sie noch müde sind, und abends, weil Sie schon wieder müde sind. Zeigen Sie Ehrlichkeit und sagen Sie jemandem, der einen Platz belegt hat: „Entschuldigung, würden Sie mir bitte Ihren Sitzplatz überlassen? Ich bin sehr müde und würde mich gerne setzen."

Sollte das nicht funktionieren, sind hier noch ein paar Variationen:

„Entschuldigen Sie, könnten Sie mir Ihren Platz überlassen? Mein Therapeut hat mir geraten, mich öfter hinzusetzen, um meinen inneren Frieden zu bewahren."

„Entschuldigung, könnten Sie mir bitte Ihren Platz überlassen? Ich habe gestern Abend die Weltmeisterschaft im Stehen verloren."

„Verzeihung, hätten Sie ein Herz für müde Füße? Ich möchte gerne sitzen und meinen Schuhen eine Pause gönnen."

„Entschuldigung, könnten Sie mir Ihren Platz überlassen? Meine Fitbit-App zeigt an, dass mein ‚Steh-Ziel' für heute erreicht ist. Das ‚Sitz-Ziel' brauche ich jetzt noch."

Sollte das ebenfalls nicht zum gewünschten Erfolg führen, greifen Sie auch hier auf Hilfsmittel zurück. Besorgen Sie sich einen dieser Angelhocker, die gibt es in fast jedem Baumarkt. Diese Hocker sind zusammenklappbar und passen unter den Arm. Wenn Ihnen das zu peinlich ist, nehmen Sie einfach auch eine Angel mit, dann können Sie sagen, Sie fahren angeln oder Sie arbeiten in einem Angelgeschäft.

Menschen mit einem starken Gemüt können sich auch einen Sitzball mitnehmen und bei Bedarf sagen, sie wären im Sitzballgeschäft unterwegs. Der Vorteil ist, dass man sich mit diesem Ball üblicherweise nicht so nahe kommt, als wäre man verlobt. Es kann aber sein, dass Sie mit so einem Sitzball bei der Menge an Fahrgästen als Letzter nicht ganz hineinkommen und der Ball dann in der schließenden Tür klemmen bleibt, bis er platzt.

Es gibt jedoch Situationen, bei denen verbale Taktiken Ihrerseits gefordert sind. So können Sie dabei gleich Ihre Rhetorik schulen und sich teure Seminare ersparen. Falten Sie Ihre Hände wie einen Trichter vor dem Mund. So klingen Sie, als käme Ihre Stimme aus dem Lautsprecher. Hierzu einige Beispiele:

Wenn Personen, die gleich nach dem Einsteigen in den Zug mitten in der Tür stehen bleiben, sodass alles noch länger dauert, obwohl im Zug oft genug Platz zum Ausweichen ist, sagen Sie:

„Sehr geehrte Damen und Herren, hier eine wichtige Mitteilung Ihres Transportunternehmens. Die Türblockadeübung des Deutschen Roten Kreuzes ist beendet. Wir bedanken uns, Sie können jetzt wieder in die Mitte des Wagens vorrücken."

An die Personen, die direkt am Ende einer Bahnsteigtreppe plötzlich stehen bleiben oder sich auf die Stufen setzen, wodurch der Weg so sehr blockiert wird, dass es zu einem unnötigen Stau kommt:

„Liebe Fahrgäste, es handelt sich hierbei um einen ‚Treppenwitz'. Der Treppenwitz ist eine Übersetzung des französischen Ausdrucks ‚esprit d'escalier' aus dem Jahr 1850. Dieser Begriff beschreibt eine Person, die nicht schlagfertig ist und der die passende Antwort erst später – nämlich auf der Treppe beim Weggehen – einfällt. Hier sehen wir solch einen Fall. Bekannt wurde der Ausdruck vor allem durch William Lewis Hertslets Buch ‚Der Treppenwitz der Weltgeschichte' von 1882. Das ist lange her. Heutzutage wird dieser Begriff fast ausschließlich im Berufsverkehr künstlerisch als Performance dargestellt."

An die Menschen, die ständig laut reden und dabei den ganzen Bahnwagen in ihre Gespräche einbeziehen, sei es durch Unterhaltungen oder lautes Telefonieren:

„Sehr geehrte Fahrgäste, hier spricht Ihr Nahverkehrsunternehmen. Zum heutigen ‚Tag der Stille', der sich nun schon zum zehnten Mal jährt, verschenken wir wieder unsere beliebten Rubbellose an diejenigen, die es schaffen, drei Stationen lang zu schweigen. Und damit es für Sie reizvoll ist, gewinnt jedes Los etwas. Der Hauptgewinn ist ein nagelneuer Fiat Rushhour mit exklusivem Staupaket."

Für Mitfahrer, welche den ganzen Zug mit ihrer Lieblingsmusik beglücken wollen:

„Verehrte Fahrgäste, dies ist eine Durchsage an den freundlichen Reisenden mit der tollen Playlist in Wagen 4. Mir ist hier vorn so langweilig, weil ich die Strecke tagein und tagaus fahre und jede Schwelle der Bahngleise kenne. Deshalb ist jede Abwechslung willkommen. Wenn Sie mögen, kommen Sie doch gleich bei mir vorbei, ich erzähle Ihnen, wo man die besten Kopfhörer bekommt."

Wofür auch immer Sie sich entscheiden, genießen Sie den alltäglichen Wahnsinn im Berufsverkehr und denken Sie daran: Das Einzige, was sich ändern wird, sind Sie. Die Rushhour bleibt, was sie ist: ein Ding, das sich nicht bewegt.

P.S.: Kennen Sie eigentlich den? Wundert sich der Chef: „Heute eine halbe Stunde zu früh?"

Angestellter: „Mein Auto ist nicht angesprungen, die Bahn fuhr gar nicht, da bin ich zu Fuß gekommen."

ICE Würzburg-Hamburg in knapp 8 Stunden. Abgefahren.

Die Deutsche Bahn, kurz DB, unser allseits beliebter Verkehrs-Dinosaurier, das epische Unternehmen, das seit dem Jahr 1994 versucht, uns zu zeigen, wie moderner Schienenverkehr aussieht. Entstanden aus der Fusion von Deutscher Bundesbahn und Deutscher Reichsbahn, sollte sie das Nonplusultra der Pünktlichkeit und Effizienz werden. Achtung, Spoiler: Das hat nicht ganz geklappt.

Das bunte Potpourri an Abenteuern, welches Reisende erleben, während sie durch Täler und Tunnel des Landes kutschiert werden, sucht seinesgleichen. Ob im ICE, IC oder EC, die Verspätungen werden perfekt koordiniert und manchmal frage ich mich, ob die DB heimlich einen Wettbewerb für die kreativsten Ausreden veranstaltet. Von klassischen „Signalstörungen" bis hin zur innovativen „Schafherde auf den Gleisen" – die Vielfalt ist schier unbegrenzt und sorgt dafür, dass keine Fahrt jemals auf die Minute dort ankommt, wo sie sollte.

Auch die Regional- und die S-Bahnen bleiben davon nicht verschont. Letztens erzählte mir eine Bekannte von einer Begegnung im Interregio. Als der Zug mal wieder fünfzehn Minuten zu spät kam, weil ein Signal auf Rot stand, das eigentlich auf Grün stehen sollte, sagte sie zum Zugbegleiter, dass sie deswegen wieder einmal zu spät zur Arbeit komme. Darauf sagte der Zugbegleiter mit einem Lächeln: „Das tut mir sehr leid für Sie. Mir ist das relativ wurscht. Ich bin schon auf der Arbeit."

Trotzdem setzt die DB immer wieder auf Modernisierung und Nachhaltigkeit – zumindest in PowerPoint-Präsentationen. Die Infrastruktur der DB ist ein lebendes Museum. Zwischen Strecken, die aussehen, als hätten die Römer sie gebaut, und Bahnhöfen, die dringend eine Renovierung aus dem letzten Jahrhundert bräuchten, fühlen sich Nostalgiker besonders wohl. Und wer das Preissystem der DB versteht, kann vermutlich auch die Relativitätstheorie rückwärts erklären.

Da auch die Geschwindigkeit des WLAN im Zug so langsam wie eine sibirische Saugschnecke ist, könnte man sich zumindest sozial näherkommen, indem man eine ganz alte Form der Unterhaltung nutzt – eine, die kaum noch jemand kennt: sich mit dem Sitznachbarn oder der Sitznachbarin unterhalten.

Da dies jedoch aufgrund des jahrzehntelangen Kontakts mit digitalen Geräten (wie dem Smartphone) abtrainiert wurde, sitzen die meisten Fahrgäste mehr oder weniger still in ihren Sitzen und schauen schweigend aus den Fenstern, während eine Baustelle nach der anderen mit einer Raketenreisegeschwindigkeit von 30 km/h überquert wird.

Ab und an sorgt aber der Reisebegleiter über die Lautsprecheranlage dafür, dass Leben in die Bude kommt und die langwährende Bahnfahrt kurzzeitig für Erheiterung oder auch Entrüstung sorgt.

Skurrilste Dinge sind es, die man dort während der Reise in scheppernder Soundqualität aus den Miniaturboxen erfahren kann, zum Beispiel solche:

„Aufgrund eines Triebwerksschadens verzögert sich die Weiterfahrt um zwanzig Minuten." Zehn Minuten später meldet sich der Zugführer erneut: „Leider gibt es bisher keine Lösung. Die Leitzentrale hat bereits Busse angefordert, und wir planen die Evakuierung. Der Zugführer befindet sich jedoch noch auf der Lok und gibt sein Bestes!"

Das klingt nach den letzten Stunden der „Titanic" und die Mannschaft sitzt schon in den Rettungsbussen.

„Sehr geehrte Damen und Herren, leider haben unsere Kollegen in Stuttgart versäumt, uns mit frischer Ware zu beliefern. Kurz gesagt: Unsere Regale sind leer! Heißen Kaffee können Sie jedoch bekommen."

Nicht auszudenken, wenn auch der Kaffee betroffen gewesen wäre. Ein Weltuntergangsszenario apokalyptischen Ausmaßes möchte sich niemand vorstellen.

„Wie Sie gemerkt haben, war unser Zug bis Luckenwalde pünktlich. Jetzt beginnen wir – wie Sie es von der DB gewohnt sind – Verspätung zu sammeln und warten auf einen entgegenkommenden Fernverkehrszug."

Das klingt ein wenig wie Bonuspunkte sammeln im Drogeriemarkt. Bei einhundert eingesammelten Fahrgästen gibt es eine kostenlose Verspätung.

„Leider hatten wir mehr Fahrräder als reservierbare Plätze an Bord und mussten die überzähligen Fahrradbesitzer des Zuges verweisen. Diese zeigten sich zu unserem Leidwesen dabei äußerst diskutierfreudig."

Ja, das kann man sich vorstellen. Fahrradfahrer können nicht nur Fahrrad fahren.

„Wir mussten eben den entgegenkommenden IC durchlassen und warten jetzt noch auf einen ICE, der nur schneller ist als wir, weil er fährt und wir stehen!"

Das klingt, als hätte der Zugbegleiter ein paar Semester Astrophysik studiert.

Die Deutsche Bahn ist ein Ort facettenreicher Begegnungen und Situationen, aus denen man genug Stoff für ein ganzes Buch sammeln könnte. Soweit ich weiß, haben das auch schon einige Autoren getan. Neulich las ich auf Amazon eine Rezension zu einem dieser Bücher: „Es war ein Geburtstagsgeschenk, über das sich der Beschenkte gefreut hat. Da er bei der Bundesbahn arbeitet, passte es gut. Mehr wollte ich nicht. Gelesen habe ich es nicht und kann deshalb nichts dazu sagen."

Ich muss gestehen, dass ich gerne Bahn fahre, vor allem auf weiten Strecken. Das liegt daran, dass man trotz der Verspätungen entspannter ankommt, als wenn man sieben Stunden auf einer langweiligen Autobahn fährt – oder besser gesagt: im Stau steht.

Meine letzte Fahrt von Würzburg nach Hamburg hatte es jedoch in sich.

Der ICE 588 mit dem Taufnamen „Bad Oldesloe" kam bereits aus München mit zwanzig Minuten Verspätung an. Das kam mir eigentlich ganz gelegen, denn so konnte ich noch auf dem Bahnsteig den Aushang studieren, um zu erfahren, in welchem Waggon sich das Bordbistro befindet.

Da ich Zugfahrkarten immer ohne Platzreservierung erwerbe, ist das Bordbistro in den meisten Fällen der Ort, wo man sofort eine

Sitzgelegenheit findet. Man hat sogar einen Tisch vor sich und kann sich – zwar überteuert, aber immerhin – entspannt etwas zu trinken bestellen. So wartete ich im Gleisabschnitt D auf den einfahrenden Zug.

Die Eingangstür des Bordbistros hielt direkt vor mir, als hätte der Lokführer mit seinen Fahrkünsten extra dafür gesorgt. Mit einem Zischen öffnete sich die Tür und zwei Bistromitarbeiter stiegen aus, um sich eine Zigarette anzuzünden. Ich stieg mit meinem Handgepäck ein und konnte mir, wie erwartet, im gähnend leeren Speisewagen den schönsten Platz aussuchen: einen Fensterplatz mit Blick auf die Abendsonne.

Die beiden Mitarbeiter stiegen nach ihrer Zigarettenpause wieder ein. Kurz darauf, nach dem Pfiff des Zugbegleiters mit der Trillerpfeife, schlossen sich die Türen und der Zug setzte sich in Bewegung. „Wunderbar", dachte ich, „es gibt nichts Besseres als einen fahrbaren Untersatz, der einen durch das Land kutschiert, während man die Beine ausstreckt und sich auch noch bedienen lassen kann. Geradezu fürstlich."

„Sehr geehrte Fahrgäste. Ich heiße Sie recht herzlich willkommen im ICE 588 von München nach Hamburg." Der Zugbegleiter machte seine Ansage. Ich erwähnte schon die fragwürdige Soundqualität und auch hier wurde bestätigt, dass ein Mensch, der ganz normal spricht, so klingt, als hätte er gerade eine Wollmütze im Mund.

„Momentan hat unser Zug zwanzig Minuten Verspätung, aufgrund eines Vogelschwarms, der sich hinter Nürnberg befand. Und noch eine interne Durchsage: Herr Konz, bitte melden Sie sich beim Kollegen Falz im Servicezugabteil. Vielen Dank, ich wünsche Ihnen eine angenehme Weiterfahrt."

Dann gab es die ganze Ansage noch einmal auf Englisch, natürlich nicht akzentfrei und mit abenteuerlicher Grammatik. Ich machte es mir bequem und bestellte ein Bier. Ein großes. Das machte den Preis im Gesamtverhältnis zum Flascheninhalt günstiger. Der Kellner brachte mir eine kleine eisgekühlte Flasche Starnberger Hell und ein Glas. Verzeihen Sie mir, aber ich benutze an dieser Stelle lieber das Wort Kellner anstelle von Servicekraft. Servicekraft klingt für mich unpersönlich. Bei meinem Sinn fürs Altmodische werde ich wohl eines Tages noch als alter Zausel hinter dem Berg wohnen.

Als einziger Gast im Bordrestaurant raste ich nun durch die Landschaft in einem 346 Meter langen, dreizehnteiligen ICE, der theoretisch 250 km/h schnell fahren kann. Im nächsten Waggon waren Fahrgäste damit beschäftigt, andere Fahrgäste mit ihren Reservierungstickets von deren Plätzen zu verscheuchen.

„Verehrte Fahrgäste, eine Durchsage: Für diejenigen, die nicht reserviert haben, bitte nutzen Sie die vorderen Zugabteile, dort haben wir noch jede Menge Plätze frei“, sagte der Zugbegleiter, als hätte er die Szenerie erahnt.

Ich schaute nach draußen in den Abendhimmel eines wunderbaren Juliabends. Eine halbe Stunde lang fuhren wir mit 186 km/h über die Schienen. Ich weiß das so genau, weil es draußen auf dem Gang vor den Toiletten eines dieser Displays mit Tachometer gab, das ich von hier durch die Glasschiebetür sehen konnte.

Dann wurde der Zug auf einmal langsamer. Noch langsamer und schließlich hielt er an. Der Kellner, der sich ebenfalls auf eine Restaurantbank gesetzt hatte und etwas auf seinem Servicetablet tippte, schaute auf und sagte: „Nanu, was ist denn nun los?“

„Aha, dieser Halt schien neu zu sein“, dachte ich. Ich schloss das aus seiner Reaktion und daraus, dass sich die Mitarbeiter mit den üblich verdächtigen Schwachstellen auskennen. Ich schaute den Kellner an. Er schaute mich an und zuckte mit den Schultern.

„Sehr geehrte Fahrgäste, wir haben hier einen außerplanmäßigen Stopp. Der Grund ist mir unbekannt. Ich werde Sie informieren, sobald ich etwas weiß."

„Ich weiß nicht warum, aber ich versuche es herauszubekommen" – das ist eine ehrliche Herangehensweise, finde ich. Man könnte sie metaphorisch auf das ganze Leben übertragen. Ich hatte kurzzeitig die Idee, ein Buch zu veröffentlichen, in dem Bahnansagen in Lebensphilosophien übersetzt werden.

Nach einer Viertelstunde fuhr die Bahn, jedoch nicht unsere. Auf dem Gegengleis rauschte ein anderer ICE in rasendem Tempo in Gegenrichtung vorbei, sodass ich vor Schreck beinahe einen Schluck Bier über mein Hemd verschüttet hätte. Der Kellner hatte sich ebenso erschrocken, schaute mich an und zuckte wieder mit den Schultern.

Der Zugbegleiter meldete sich erneut über den Bordfunk: „Nach mehreren Anfragen meinerseits kann ich Ihnen jetzt endlich mitteilen, dass wir den nächsten Bahnhof mit einer Verzögerung von vierzig Minuten erreichen. Eine passende Ausrede wurde mir nicht präsentiert." Im Nebenabteil hörte man eine Gruppe Menschen lachen. Auch der Kellner und ich konnten uns ein Grinsen nicht verkneifen. Der Zug ruckte und fuhr los, allerdings konnte der Lokführer aus uns unerfindlichen Gründen die 40 km/h nicht überschreiten. So tuckerte er dreißig Minuten lang über die Gleise in Richtung nächster Station, bis er irgendwann zumindest 130 km/h fuhr.

„Verehrte Fahrgäste, in wenigen Minuten erreichen wir die Barock- und Bischofsstadt Fulda. Im Dom können Sie die Beichte ablegen." Hatte er das wirklich gesagt? Ja, er hatte. „Zur Weiterfahrt danach empfehlen wir folgende Züge: […]" Dann folgte eine Aufzählung diverser Fern- und Regionalbahnen. „Wir bitten nochmals um

Entschuldigung für die Verspätung und hoffen, die Zeit auf den nächsten Strecken aufholen zu können."

„Noch eins?", rief der Kellner zu mir rüber. Ich überlegte, ob es klug wäre, angesichts der Fahrzeit ein Bier nach dem anderen zu trinken. Die Strecke von Würzburg nach Fulda, für die der Zug normalerweise dreißig Minuten braucht, hat schon mehr als das Doppelte gedauert. Wenn es so weiterginge, hätte ich in Hamburg einen Kasten intus und wäre auch ein kleines Vermögen los. Ich überlegte und sagte schließlich: „Ja."

Der Zug fuhr in Fulda ein, es gab keine lange Wartezeit und nun ging es in Richtung Kassel weiter. Man hatte nun wirklich das Gefühl, der Lokführer hätte den Hebel bis zum Anschlag auf das Fahrpult gelegt. Bäume, Häuser, Pferde und Kleinstädte zogen im Sturmtempo am Fenster vorbei. Bevor man Einzelheiten realisieren konnte, waren sie schon wieder verschwunden und durch neue ersetzt.

„Sehr verehrte Fahrgäste, in wenigen Minuten erreichen wir Kassel-Wilhelmshöhe mit der freudigen Nachricht, dass wir zehn Minuten Verspätung wieder herausgefahren haben. Die schlechte Nachricht ist, der Anschlusszug nach Halle ist nun auch weg. Für etwaigen Ersatz melden Sie sich bitte bei der Information im Bahnhof. Ich wünsche Ihnen viel Glück und eine angenehme Weiterreise." Nach der Ansage lachten die Leute wieder im Nachbarabteil. Ich weiß nicht, ob der Zugbegleiter wusste, dass er auf dem Weg war, eine zweite Karriere als Stand-up-Comedian zu starten.

Auch Göttingen wurde fünf Minuten schneller erreicht, als es die Streckenfahrzeit vorgab und so ging es im Eiltempo Richtung Hannover. Ein älterer Herr hatte sich mittlerweile an einen Nachbartisch gesetzt.

„Was kann man denn hier essen?“, fragte er den Kellner.

„Nun, eigentlich kann man hier alles essen“, antwortete der Kellner salopp und kicherte leicht. Doch der Herr hatte den kleinen Scherz nicht verstanden. Er schlug die Speisekarte auf und zeigte ihm alle Gerichte: „Wir haben diverse Brat- und Currywürste, auch vegan, mit Pommes, Brot, Kraut und Senf. Chili sin oder con Carne, Fusilli mit Pesto Verde. Nein, die sind leider aus. Aber wir haben noch Medaillons vom Strohschwein in Pfefferrahmsoße, mit Süßkartoffelstampf und Pinsa mit Pilzen und Schinken.“

„Sie meinen Pizza?“

„Nein, Pinsa. Das ist so ähnlich wie Pizza, nur dass Pinsa mehr Mehlsorten hat und kleiner ist.“

„Ach so“, antwortete der Herr und studierte die Karte weiter. „Haben Sie Tomatensuppe?“, fragte er schließlich.

„Ja, hier unten. 6,90 Euro mit Bio-Brötchen.“

„Aha. Die kommt aber aus der Mikrowelle, oder?“

Der Kellner wurde leiser und sagte: „Ganz ehrlich, hier kommt fast alles aus der Mikrowelle.“

Der Herr hob die Augenbrauen und sagte nach einer zögerlichen Pause: „Na gut, dann nehme ich die.“

„Sehr wohl, der Herr.“ Der Kellner verschwand in seiner Bordküche.

Ich stellte mir die Frage, ob die Information zur Zubereitung in der Mikrowelle relevant ist, wenn man die Tomatensuppe ohnehin isst. So, als würde man fragen, ob dieser Zug zu spät kommt und dann doch einsteigt, nachdem der Zugbegleiter gesagt hat: „Ganz ehrlich, alle unsere Züge kommen zu spät."

Mittlerweile stand die Sonne nur noch eine Handbreit über dem Horizont und der ICE hatte seine durchgehende Reisegeschwindigkeit angenommen, wie sie in Werbeprospekten und Fahrplanauskünften versprochen wird.

„Versehrte Fahrgäste", die Gruppe im Nebenabteil lachte schon wieder. Hatte er wirklich „versehrt" gesagt? Ja, das hatte er. „In wenigen Minuten erreichen wir den Hauptbahnhof Hannover mit einer Verspätung von nur noch fünfundzwanzig Minuten. Die Chancen stehen gut, die Anschlusszüge zu erreichen, außer den RE 80 nach Bielefeld, der ist weg. Bitte melden Sie sich an der Information für etwaige Alternativen."

Die dann folgende Aufzählung der Anschlusszüge erinnerte an den Geografieunterricht: Berlin, Leipzig, Wolfsburg, Braunschweig, Osnabrück – wobei ein mir noch unbekannter Ort namens Lindwedel dabei war.

Der Zug stand eine Weile. Nach fünfzehn Minuten wurde allen im Zug klar, dass es womöglich wieder ein klitzekleines Problem gab. Und das ging so:

„Sehr geehrte Fahrgäste, momentan kommt es aufgrund einer Bombenentschärfung zu Verzögerungen in Richtung Hamburg. Sobald ich weitere Informationen erhalte, werde ich Sie informieren. Ich schätze, das wird so in zwanzig Minuten sein."

„Kein Sonntagabend-Blockbuster könnte spannender sein als das hier", dachte ich und bestellte mir noch ein Bier. Ich rechnete damit, dass ich mich im Zug länger einrichten müsste und irgendwann am nächsten Tag in Hamburg ankommen würde. Ich sollte recht behalten.

Nach zehn Minuten meldete sich der Zugführer: „Liebe Fahrgäste, dieser Zug endet hier. Es gibt keine Weiterfahrt nach Hamburg."

„Hahaha!", lachte der Kellner laut los und als er mich bemerkte, sagte er verschämt: „Oh!", und hielt sich eine Hand vor den Mund.

„Na, das ist ja blöd. Ich habe einen Termin in Blankenese, mit meiner Frau", sagte der Herr.

Die Menschen strömten aus dem ICE „Bad Oldesloe" auf den Bahnsteig. Dort standen mehrere Mitarbeiter der Deutschen Bahn und versuchten, die Fragen der Leute zu beantworten. Die meisten fragten im Stil von: „Wie soll ich jetzt weiterkommen, wenn es keinen Zug nach Hamburg gibt?"

Das war eine gute Frage, denn ich wollte auch dorthin. Am besten noch bevor die Nacht hereinbrach. Den Gedanken, die Nacht auf einer Hannoveraner Bahnhofsbank zu verbringen, fand ich nicht sehr verlockend.

Ich weiß, die Analogie hinkt ein wenig, aber ich habe mal gelesen, dass, wenn man alle Leitungen des Bahnstromnetzes aneinanderlegen würde, man München mit Peking verbinden könnte. Mir wäre es jedoch lieber, wenn man heute Abend in der Lage wäre, Hannover mit Hamburg zu verbinden.

Der Bahnsteig war das reinste Tohuwabohu, wie das Kinderzimmer eines achtjährigen Jungen. Alle sprachen durcheinander, tippten auf ihren Smartphones herum und wussten nicht, wohin sie sollten: zum Ausgang oder einfach erstarren und auf bessere Zeiten warten.

Ich saß immer noch im Bistro und hatte beschlossen, ganz langsam meine Sachen zusammenzupacken und mich dem Getümmel und dem, was da kommen mag, hinzugeben. Nach dem Motto: Die

Letzten werden die Ersten sein. Doch vorher kam mir noch eine egoistische Service-Idee.

Ich schaute den Kellner an, der immer noch etwas fassungslos dasaß, und sagte: „Entschuldigen Sie, aber für den ganzen Heckmeck gibt es das hier doch umsonst, oder?“ Dabei zeigte ich auf mein Bierglas und machte eine unmissverständliche Miene einer Gesichtsentgleisung. Ich muss sagen, dass ich den Begriff „Entgleisung“ in diesem Zusammenhang recht skurril finde.

Der Kellner schaute mich an, nickte und tippte etwas in sein Bestelltableau. „Ja, ist gut. Ich habe ‚Zechpreller‘ eingetragen.“

Dass die Deutsche Bahn keine andere Bezeichnung als „Zechpreller“ für so einen Fall hat, verwunderte mich ehrlich gesagt. Wie wäre es, so wie in anderen Restaurants, mit „Auf Kosten des Hauses“? Aber vielleicht hatte man doch nicht so viel Vertrauen zu seinen Mitarbeitern, da sie sonst zu viel des Guten verteilt hätten. Das sollte (Gott sei Dank) wenig später nur eine Vermutung bleiben, denn der Zugbegleiter meldete sich doch noch einmal mit einer ganz besonderen Trumpfkarte.

„Sehr geehrte Reisende, ich habe nun die erfreuliche Information, dass wir für Sie auf dem gegenüberliegenden Gleis einen ICE einsetzen, der Sie über Berlin Hauptbahnhof nach Hamburg bringt. Unser Servicepersonal hat beschlossen, dafür extra Überstunden zu machen. Bitte steigen Sie in den einfahrenden ICE 649 ein.“

Die gleiche Ansage gab es dann sinngemäß noch einmal auf dem Bahnsteig, und auch die Servicekräfte gaben die Informationen an die Umherirrenden weiter. Wenig später fuhr tatsächlich ein frischer ICE auf dem gegenüberliegenden Gleis ein. Der ICE „Dortmund“. Klingt wie ein Spiel in der Bundesliga, dachte ich: Dortmund gegen Berlin.

Vielleicht bekomme ich jetzt Ärger, weil ich nicht „1. FC Union“ gesagt habe, aber diesen Zug gibt es bei der Deutschen Bahn bisher nicht. Ich war jedenfalls froh, dass der nächste Zug nicht über Dortmund nach Hamburg fuhr, denn meine geografischen Kenntnisse hätten einen noch weiteren Umweg bestätigt.

Zielgerichtet hielt ich nun also mit meinem Rollkoffer auf das nächste Bordrestaurant zu, das im Gleisabschnitt F auf mich wartete. Mein Egoismus verlieh mir die Kräfte, dort fast als Erster anzukommen, denn außer mir hatten nun plötzlich noch mehr Leute die Idee, sich dort für die nächsten Stunden niederzulassen.

Das Bordrestaurant begrüßte mich mit einer freundlichen Ansage: „Hallo, liebe Fahrgäste, ich begrüße Sie im außerplanmäßigen ICE 649 über Berlin nach Hamburg. Wir entschuldigen uns bei Ihnen für die Unannehmlichkeiten und bitten Sie, nett zu uns zu sein. Wir geben unser Bestes, und ein anderes Kollegenteam macht dafür extra Überstunden. Mein Name ist Storch und ich bin Ihr Zugbegleiter für die nächsten Stunden.“

Eine neue Stimme, wie ich bemerkte, sehr jung und tendenziell aufgeregt. Ich setzte mich auf eine der gewohnt komfortablen Bänke mit einem Tisch davor. Der Zugbegleiter hatte eine weitere Information: „Hallo, liebe Fahrgäste, wir möchten Sie informieren, dass wir im Bordbistro einen Tisch einrichten, wo Sie sich kostenlos Wasser zur Erfrischung holen können.“

Eine Frau des neuen Kollegenteams, das Überstunden machte, stapelte nun eine große Menge kleiner Tetrapaks Mineralwasser auf einen Tisch. Ich fragte mich insgeheim, wie man das auf dem Bestelltableau betitelte. Mussten die Mitarbeiter dort jetzt fünfundachtzigmal „Zechpreller“ eingeben oder nur einen „Zechpreller“, der fünfundachtzig Tetrapaks Mineralwasser getrunken hatte?

Der Zug setzte sich in Bewegung und fuhr in Richtung Berlin. Mittlerweile war es 22:00 Uhr und dunkel. Draußen gab es nicht mehr viel zu sehen, zumal sich das Innenlicht ohnehin in den Fensterscheiben spiegelte und man eher den gegenübersitzenden Fahrgast betrachten konnte. So flogen also keine Landschaften im Mondeslicht vorbei. Nach etwa zehn Minuten hatte der Zug ein Tempo erreicht, das mir noch unbekannt war. Ich schaute auf ein Display, welches sich nun im Bordrestaurant befand, da es sich um eine andere Baureihe des ICEs handelte. Dort stand: 225 km/h. Heureka!

Da es ein neu eingesetzter Zug war, gab es keine Sitzplatzreservierungen. Damit war auch niemand genötigt, ein Terrain zu verteidigen oder einzufordern. Das spürte man: Der ganze Zug hatte die Atmosphäre eines Volksfestes, wo jeder jeden da stehen ließ, wo er gerade war. Innerlich wie äußerlich. Wahrscheinlich war es die innerliche Freude, doch noch im heimischen Bett zu landen. Gelegentlich kamen ein paar Menschen durch das Bordrestaurant und bedienten sich an den Tetrapaks.

„Hallo, liebe Fahrgäste, hier ist noch einmal Ihr Zugbegleiter. Wir entschuldigen uns erneut für die Verzögerung und tun weiterhin unser Bestes. Die voraussichtliche Ankunftszeit in Hamburg ist wahrscheinlich 00:40 Uhr über Berlin Hauptbahnhof. Und noch ein Sicherheitshinweis: In diesem Zug ist das Rauchen nicht gestattet – auch nicht auf der Toilette im Wagen 10."

Es amüsierte mich nicht nur, dass dort offensichtlich jemand heimlich seiner Sucht nachging, sondern auch das ungeschulte „Hallo, liebe Fahrgäste" des Zugbegleiters. Die Leute im Bordrestaurant lachten. Die Anzeigetafel zeigte nun 240 km/h. Nicht zu glauben. Ab und an wechselte das Display zu einer Art Google Maps Karte, auf der die Bahnstrecke eingezeichnet und der aktuelle Standort des Zuges zu sehen war. Der Umweg sah schwindelerregend aus: eine riesige Blase von Hannover nach Hamburg in Richtung Osten.

Dann gab es Ansagen wie am laufenden Band.

„Hallo, liebe Fahrgäste, ich habe eine gute Nachricht. Wir müssen nicht über Berlin Hauptbahnhof fahren. Eine Nebenstrecke lässt uns vorher abbiegen, sodass wir vierzig Minuten einsparen.“ Tatsächlich fuhr der Zug dann eine Innenkurve im Westen Berlins, und die angezeigte Umwegblase auf der Anzeigetafel wurde kleiner. Es kam noch besser.

„Liebe Fahrgäste, aufgrund Ihrer Geduld haben wir beschlossen, dass es im Bordrestaurant sämtliche Speisen und Getränke kostenfrei gibt, außer alkoholische Getränke. Unsere Kollegen begrüßen Sie ab jetzt.“

Sie ahnen es, was passiert, wenn es irgendwo etwas umsonst gibt. Die Schlange am Tresen war so schnell da wie eine Mehrstufenrakete und staute sich bis zwei Wagen weiter in den Gängen. Mein Vorteil war, dass ich gleich an der Quelle saß und der Erste in diesem ganzen Budenzauber sein durfte.

„Nur ein Getränk und eine Speise pro Person“, sagte die Frau hinter dem Tresen. „Versteht sich von selbst“, dachte ich. Ich nahm eine Apfelschorle und etwas von dem, was noch da war (ein halbes Käsebaguette), setzte mich brav auf meinen Platz und dachte darüber nach, ob man in Indien bei einer obligatorischen Verspätung von fünf bis acht Stunden auch so etwas bekommt. Wohl kaum. Und während ich noch so nachdachte, schlief ich mit dem Kopf an der Fensterscheibe ein. Der Zugbegleiter erlöste mich später aus meiner unbequemen Stellung mit guten Nachrichten.

„Liebe Fahrgäste, wir erreichen Hamburg Hauptbahnhof zur Weiterfahrt nach Altona, dort endet unser Zug." Ja, weiter würde es auch nicht gehen, denn Altona ist ein Sackbahnhof.

In Altona verabschiedete sich Zugbegleiter Herr Storch dann mit einer letzten Ansage: „Liebe Fahrgäste, wir erreichen Hamburg-Altona. Ich bedanke mich für Ihre Geduld und dafür, dass Sie es so lange mit uns ausgehalten haben. Ich wünsche Ihnen eine angenehme Nacht."

Vier Stunden Verspätung bei einer geplanten Fahrzeit von drei Stunden und siebenundzwanzig Minuten. Das ist ein Zuwachs von fast 60 Prozent. Jeder Aktientrader würde bei solchen Zahlen Luftsprünge machen. Die Aktiengesellschaft DB macht das wohl nicht. Dennoch war es ein schöner Abend: mit einem Improvisationstheater, ausgelassener Stimmung, freier Kost und Logis und Moderatoren, die ihresgleichen suchen. Das Taxi, das mich in der Nacht vor die Tür brachte – die S-Bahn fuhr nicht mehr – wurde mir später auch noch erstattet.

Daher möchte ich noch eine letzte Bahnansage zitieren: „Sehen Sie‘s doch mal positiv: Mehr Fahrzeit für das gleiche Fahrgeld, das kriegen Sie auf keiner Achterbahn!"

P.S.: Zu Ihrer und unserer aller Beruhigung: Der Bombenfundort war schon länger bekannt. Es handelte sich um eine englische Bombe aus dem Zweiten Weltkrieg, die bis vor einer Woche unentdeckt neben den Gleisen der Deutschen Bahn im Boden geschlafen hatte. Die Entschärfung war seitdem terminiert. Aus Gründen des allgemein geringen Verkehrsaufkommens entschied man sich für einen Sonntag. Jedoch konnte man beim Sprengkommando wohl auch mit Verspätungen rechnen. Wer weiß, vielleicht trafen hier an diesem Abend zwei vom selben Schlag aufeinander.

Kapitel 3
Jeder Tag eine Show

„Warum sollte man ‚berühmt' sein? Die wahren Helden findet man eh im Alltag."

© Klaus Seibold

Wasserkocher marsch!

Büroanekdoten über Kaffeemaschinen gibt es zuhauf. Vor allem dann, wenn diese plötzlich defekt sind, kein Cappuccino-Röchel-Geräusch mehr von sich geben, die Angestellten durch die Gänge irren, weinen, jammern, hysterisch werden und über eine Beschaffungskriminalität nachdenken, um den schmerzhaften Abfall ihres Koffeinpegels auszugleichen.

Kaffeemaschinen sind ein unverzichtbarer Teil des ewigen Kreislaufs der Moderne, der dazu dient, den Körper tagsüber wieder aufzupeppen, nachdem er am Vorabend durch ein anderes Glied dieses Kreislaufs, nämlich Spirituosen oder auch sinnlose Netflix-Serien, geschwächt wurde.

Man kann sich nur zu gut vorstellen, dass bei fehlendem Nachschub von mit heißem Wasser gefluteten gemahlenen Kaffeebohnen in vielen Büroetagen der Katastrophenalarm ausgelöst wird.

Büros, die immer noch in einem Oldschool-Modus arbeiten, haben es da leichter. Gemeint sind jene, wo es noch einen Wasserkocher, gemahlenen Kaffee in der Dose mit einem Portionslöffel, Filtertüten und einen Filterhalter gibt, den man auf eine Tasse oder eine Kanne aufsetzt. Bestellungen von teuren Kapseln und speziellen Utensilien für woke Automaten entfallen hier. Sollte jemand mal den Nachschub vergessen haben, kann dieser in kürzester Zeit aus einem nahegelegenen Supermarkt herbeigeschafft werden.

Das ist übrigens auch der Grund, warum die Berufseinsteigerform „Praktikant“ überhaupt erfunden wurde. Diese freiwillig unbezahlten, meistens jungen Menschen sind hauptsächlich und oft nur dafür zuständig, dass der Kaffeefluss während der Arbeitszeiten funktioniert. Die Gewissenhaftigkeit, mit der diese Aufgabe erfüllt wird, ist von entscheidender Bedeutung für das Ergebnis des Praktikumszeugnisses. Kein Kaffee, kein gutes Zeugnis.

In so einem altertümlichen Büro arbeitete einmal ein guter Freund von mir. Der Kaffee war hier besagter Filterkaffee, zubereitet mit Wasser aus einem Wasserkocher. Die Praktikantin wurde mit „Fräulein“ angesprochen, denn der Chef – Herr Wagner – war alte Schule, kurz vor der Rente und hatte mit LGBTQ nichts am Hut.

„Fräulein Lena? Können Sie uns mal einen Kaffee machen?“, rief Herr Wagner durch die offene Tür seines Chefbüros.

Herr Wagner hatte gleich morgens Besuch von Frau Koschnik bekommen, welche die Geschäftsleitung übernehmen sollte, denn Herr Wagner wollte in ein paar Monaten in seinen wohlverdienten Ruhestand gehen.

Die Firma Wagner war ein Zulieferbetrieb für alle möglichen Dinge, die ausschließlich aus Gummi bestehen, zum Beispiel Gummidichtungen für Badezimmertüren, Gummidämpfer für Wäschetrockner oder gummierte Kühlwasserschläuche für Verbrennungsmotoren.

„Ja, mache ich“, rief Fräulein Lena zurück und bewegte sich in Richtung der kleinen Küche, die zur Kaffeezubereitung eingerichtet worden war.

Die Küche bei „Wagner Gummi GmbH“ war noch ein richtiger Raum, in dem man sich auch ein Brot schmieren oder auf einer Zweier-Herdplatte eine Tütensuppe erwärmen konnte. Ein Ort, an dem man sogar die Tür schließen konnte, wenn man mit seinem Pausenbrot allein sein wollte. Nicht eine der üblichen offenen Hipster-Kaffee-Nischen, in denen das Klappern der Tassen und Untertassen ungefiltert in die ganze Büroetage hallt.

Mein Freund arbeitete in der Konstruktionsabteilung und war verantwortlich für die Abmessungen, Mengen und Materialzusammensetzungen der Gummischläuche, Dichtungen und Dämpfer. Ein unaufgeregter und krisensicherer Job. Heute war ihm jedoch etwas mulmig zumute. Das lag aber an seiner eigenen körperlichen Konstruktion, die nicht dafür geschaffen war, frohen Mutes arbeiten zu gehen, wenn mitten in der Woche am Vorabend eine Feier stattgefunden hatte.

Er hatte einen leichten bis mittelschweren Kater, konnte diesen aber einigermaßen vor der Belegschaft verbergen, indem er so tat, als säße er hoch konzentriert vor dem Bildschirm und wäre an einer wichtigen Terminsache für einen Tieflader-Gummiflansch im Mehrkomponenten-Spritzgussverfahren dran.

Fräulein Lena bereitete, wie ihr aufgetragen wurde, den Kaffee zu. An ihrem ersten Tag war es auch das Erste, was man ihr beibrachte: Einen Papierfilter in den Filterhalter legen, vier Portionslöffel Kaffee aus der Kaffeedose in den Filter füllen, Wasser in den Wasserkocher geben, kochen lassen und dann den Kaffee aufgießen. Den Filter ab und an ein bisschen anheben, um zu schauen, wann die Kanne voll ist. Voilà!

In der Firma Wagner wurde das schon seit dreißig Jahren so gemacht, und es wurde auch keine Energie darauf verschwendet, diese Routine eventuell durch eine Kaffeemaschine zu ändern. Das Nutzen bewährter und immer noch vorhandener Ressourcen gehörte zur Firmenphilosophie. Das hatte die „Wagner Gummi GmbH“ zu einer renommierten Firma verholfen.

Fräulein Lena war ebenso ressourcenorientiert, so auch heute Morgen. Jemand hatte nämlich schon vor ihr den Kocher befüllt, aber anscheinend vergessen, sich einen Kaffee oder Tee aufzugießen. So nutzte sie den randvollen Inhalt für das erste Getränk des Tages: die Kanne Kaffee für Herrn Wagner und Frau Koschnik, die angehende Geschäftsführerin.

Herr Wagner bedankte sich bei Fräulein Lena höflich nach alter Art, als sie das Tablett mit der Kanne Kaffee, den zwei Tassen, der Kaffeesahne, der Zuckerdose mit Minilöffel und der kleinen Keksschale auf den Konferenztisch stellte. Sie machte einen kleinen Knicks, um sich dann der nächsten Arbeit am Kopierer zu widmen und schloss hinter sich die Chefbürotür.

Herr Wagner goss Frau Koschnik und sich eine Tasse ein. „Hmmm, riechen Sie das auch, Frau Koschnik?“, sagte er und verzog das Gesicht.

„Ja, riecht irgendwie komisch“, antwortete Frau Koschnik.

Herr Wagner roch an der Kaffeetasse und nippte dann an ihr: „Ui, irgendwas scheint da nicht zu stimmen. Ich glaube, der ist ungenießbar.“

„Echt?“, fragte Frau Koschnik und nippte ebenfalls kurz an ihrer Tasse. „Ja, schmeckt irgendwie nach Gummi“, bestätigte sie Herrn Wagners Vermutung.

Herr Wagner stand auf und öffnete seine Bürotür: „Fräulein Lena? Kommen Sie mal eben?“, rief er in die Welt der Konstrukteure hinaus.

Fräulein Lena kam wieder herbeigeeilt und sagte mit einem fragenden Blick: „Ja?“

„Irgendetwas scheint mit dem Kaffee nicht zu stimmen, er schmeckt und riecht nach Gummi. Haben Sie das nicht auch gerochen?“

„Tut mir leid, Herr Wagner, ich habe saisonbedingt Heuschnupfen und rieche nichts“, antwortete sie.

„Aha, gehen Sie bitte zu Herrn Böttcher und sagen Sie ihm, dass er mal kurz ins Büro kommen soll.“

„Ist gut." Fräulein Lena ging zum Platz meines Freundes, der immer noch so tat, als hätte er einen wichtigen Auftrag in Sachen Gummi zu erledigen. „Herr Böttcher, Sie sollen mal zu Herrn Wagner kommen", sagte sie.

Mein Freund erwachte aus seinem Dämmerzustand, zupfte sein Hemd zurecht und ging ins Büro. „Ja, was gibt's denn, Herr Wagner?"

„Können Sie mal schauen, ob etwas mit unseren Wasserleitungen ist?"

„Wasserleitungen?", wollte mein Freund wissen.

„Ja, der Kaffee schmeckt nach Gummi."

„Oh, wie kommt das denn?"

„Das weiß ich auch nicht. Auch wenn wir eine Gummifabrik sind, muss der Kaffee ja nicht danach schmecken." Frau Koschnik kicherte leise über diesen Vergleich. „Kontrollieren Sie das mal, Herr Böttcher. Ach, und könnten Sie das Tablett hier gleich mal mitnehmen?"

„Ja, kein Problem." Mein Freund nahm das Tablett mit allem, was darauf stand, sowie die beiden vollen Tassen, von denen Herr Wagner und Frau Koschnik genippt hatten, und verließ das Chefbüro. Im Küchenraum angekommen, hielt er seine Nase über den Wasserkocher, in dem noch etwas Restwasser dampfte, und während er das so tat, dämmerte ihm, was passiert war.

Trotz seines etwas angeschlagenen Zustandes war er wie gewohnt der Erste im Büro gewesen. Er fand es seit Jahren ganz angenehm, schon fünfzehn Minuten früher da zu sein, um in Ruhe anzukommen, ohne gleich von den Gesprächen der anderen dreißig Mitarbeiter vereinnahmt zu werden.

Nach der Party gestern Abend musste er dringend etwas essen, um der Verkaterung etwas entgegenzusetzen. Der Morgen war sowieso schon zeitlich und für ihn ganz ungewohnt aus dem Gleichgewicht geraten. Der Gang zum Bäcker oder ein kurzer Stopp am U-Bahn-Kiosk fiel daher aus. Stattdessen fand er im Kühlschrank der Firmenküche ein vergessenes Glas Bockwürste und dachte sich, diese schnell zu erwärmen.

Da er Ingenieur ist und weiß, wie man zielorientiert am schnellsten zu einer Lösung kommt, kippte er die drei Bockwürste samt Wurstwasser in den Wasserkocher und fügte dann noch etwas Leitungswasser hinzu, damit der Kocher bis zum Rand gefüllt war.

Die Würste waren schnell warm, und mein Freund hatte etwas im Magen, sodass zumindest die ersten vier Stunden des Vormittags hätten überstanden werden können. Was er vergaß, war, das Wurstwasser wieder abzukippen, und so hinterließ er es Fräulein Lena und ihrer praktischen Art des Ressourcenschonens.

Mit errötetem Gesicht stellte mein Freund Herrn Wagner und Frau Koschnik nach fünfzehn Minuten das Tablett mit neuen Tassen und einer frisch aufgebrühten Kanne Kaffee hin.

„Oh, danke, Herr Böttcher. Ja, das riecht schon besser. Haben Sie den Fehler gefunden? Woran lag es?“, wollte der Chef wissen.

Mein Freund kratzte sich etwas verlegen am Ohr und sagte dann: „Da war eine Gummidichtung kaputt.“

Supermarkt - nur was für Helden

Letztens war ich mal wieder notgedrungen einkaufen. Ich gehe nicht gerne einkaufen, weil mir die Einkaufskultur europäischer Supermärkte nicht zusagt. Da gibt es in Plastik verpacktes Essen, dann nochmal Essen in Plastik verpackt und dann gibt es noch mehr Essen, und zwar zu 95 Prozent in Plastik verpackt. Das ist wie mit den Reden von Politikern. Je öfter man es wiederholt, desto mehr glauben die Menschen, dass da etwas Gutes drin ist.

Erfreulicherweise gibt es in diesen Etablissements der Überlebensmittel ein paar wenige Ausnahmen, die aus dem üblichen Raster der Verpackungen fallen. Eigentlich sind es nur zwei. Die Frischbrotabteilung und die Gemüseabteilung. In der Gemüseabteilung gibt es wiederum Ausnahmen und die sind gewöhnungsbedürftig.

Ich verstehe nicht, warum ausgerechnet Biogemüse im Gegenzug zum Pestizidgemüse oftmals eingeschweißt ist und so den Grundprinzipien von Bio widerspricht. Da ich gerne denke, gingen mir schon verschiedene Theorien durch den Kopf:

Das Biogemüse soll nicht mit dem genmanipulierten Gemüse eines gewissen Großkonzerns kontaminiert werden, das mancherorts wohl auch als Sondermüll durchgehen könnte. So wie man zum Beispiel Atommüll auch nicht im Fahrradabteil eines ICE mitnimmt.

Das Biogemüse wird per Schiff irgendwo eingesammelt und mittels Plastikfolie im Frachtraum gegen die anderen herumfliegenden Waren (zum Beispiel Computer, Fernseher oder Feuerwehrschlauchpumpen) vor Verletzungen geschützt. So erreichten der Biospargel aus Ägypten oder auch die Biobirnen aus Peru einigermaßen heil die Auslagen.

Der Mensch, der diese EU-Verordnung verfasst hat, wurde von einem Lobbyisten der Plastikverpackungsindustrie mit einem Freizeitgutschein auf Mallorca geködert und liegt jetzt bei dreißig Grad Celsius auf einer Luftmatratze im Pool eines Bio-Wellnessresorts.

Ich kann diese Biofrage bis heute nicht wirklich beantworten, vielleicht ja Sie.

Jedenfalls war ich mal wieder im Supermarkt, ausgerechnet an einem Samstag und scheinbar zu dem Zeitpunkt, als die ganze nördliche Erdhalbkugel einkaufen ging. Es war wie im Stadion. Massen über Massen, um Essen einzukaufen.

Ach, da fällt mir schon wieder so ein Witz ein: „Was hat der liebe Gott gesagt, als er das Ruhrgebiet erschaffen hat? Essen ist fertig."

Sie merken, ich schweife ab. Das tue ich immer, wenn es ums Einkaufen geht. Da bin ich in konsequenter Vermeidungsstrategie. Das ist auch der Grund, warum ich immer den Einkaufszettel vergesse und dann irgendetwas kaufe, was mir gerade ins Auge fällt.

Ich kam also an diesem Samstag in diesem Tollhaus an. Am Eingang gab es schon keinen Einkaufswagen mehr, und ich wartete. In einer Schlange. Deutsche warten immer artig in einer Schlange. Außer wenn eine zweite Kasse geöffnet wird, dann sprintet der Letzte an die erste Stelle und alle halten das für normal. Hatte ich schon erwähnt, dass ich das nicht mache? Na ja, meine Vergesslichkeit lässt mich manches vergessen.

Nach ein paar Minuten war ich dran. Ein großer Mann, circa zwei Meter groß und mit der Statur eines Wrestlers, schob mir seinen Wagen hin. Ich bedankte mich und drückte ihm einen Euro in die Hand, für seinen Euro, den er vorher in den Einkaufswagen gesteckt hatte. Oder den jemand vor ihm oder sogar drei Personen vor ihm hineingesteckt hatten.

Ich hatte übrigens mal erlebt, wie im Winter eine Frau mit ihrer Daunenjacke im Münzschloss des Einkaufswagens feststeckte. „Hilfe! Hilfe! Kann mir jemand helfen?", rief sie. Drei Männer versuchten ihr Bestes. Ihre Panik wurde immer größer, und sie rief: „Feuerwehr! Feuerwehr!" Der Marktleiter kam angerannt und hielt eine Schere in der Hand. Sie fuchtelte mit den Armen und krakeelte: „Sind Sie verrückt? Die Jacke ist von Bogner!"

Irgendwann befreite einer der Herren die Dame von ihrem Leid. Erleichtert atmete sie aus und sagte: „Ach, Sie sind ja ein Toller!“

Was man alles so erlebt, an diesem Schmelztiegel der Unwägbarkeiten – und wer ist eigentlich Bogner?

Die Schiebetür am Eingang des Supermarktes öffnete sich und ich nahm das Bad in der Menge. Hätte ich vorher geahnt, was das bedeutet, hätte ich mir Schwimmflügel angezogen, vielleicht sogar eine Rettungsweste, wie man sie auf dem Atlantik trägt, wenn aufgrund eines Orkans die Albatrosse zu Hause bleiben. Leben am Limit.

Ich weiß beim besten Willen nicht, wie man bei so einem Getümmel in der Nudel- und Nudelsoßenabteilung entspannt die Liebe seines Lebens finden sollte, wie es in manchen Geschichten erzählt wird. Vielleicht entstehen solche Situationen, wenn er zufällig verträumt ihren Einkaufswagen übernimmt und weiterschiebt, beide es bemerken und dann in Kontakt kommen. Sollte einer der beiden Small Talk beherrschen und zufällig Auskunft darüber geben können, wo sich heute die Backhefe aufhält, könnte es funken.

Weiter ging es. Vorbei am mal wieder defekten Pfandautomaten – ein Familienvater stand mit fünf IKEA-Tüten voller Leergut davor und drückte ungeduldig mehrmals die Serviceklingel – erreichte ich in zähem Schritttempo hinter dreihundert Gleichgesinnten die Gemüseabteilung.

Wie ich schon vermutete, gab es die Biogurken nur vakuumverschweißt. Zwei davon lagen noch müde im Plastikkorb und warteten auf Erlösung. Eine Frau stand neben mir, blätterte im wöchentlichen Werbeprospekt und sagte: „So ein Mist, schon weg.“ Ich weiß bis heute nicht, worum es sich handelte, denn meine Aufmerksamkeit wurde auf die letzten Tomaten im

Angebotspreis gelenkt: unverpackt, vom Biohof Grolle aus Groß Wittfeitzen, 5,99 Euro das Kilo! Das nenne ich mal nachhaltig.

Ich legte die letzten sieben Tomaten in meinen Wagen. Dazu einen Blumenkohl aus Bayern und sechs Äpfel von Demeter, bei denen das Ursprungsland auf dem Preisschild nicht gekennzeichnet war.

Der Jäger in mir hatte seine erste Beute erlegt und so ging ich nun weiter in Richtung Gummibärchen- und Keksregal, vorbei an der Blumenecke, wo ein kleiner Junge stand und jeden Stängel der vier Topf-Orchideen nach und nach abknickte.

Eine Frau, ich nehme an, es war seine Mutter, rief von weiter weg: „Kevin Pascal! Kommst du bitte?“ Er lachte laut, sagte „Blume kaputt“ und tunnelte, wie Cristiano Ronaldo den Ball, sich selbst durch die Beine der Erwachsenen in Richtung der Ruferin.

Einmal Haferkekse mit Zartbitter und zwei Tüten Freedom Mix Gummibärchen landeten in meinem Einkaufswagen. Dazu dreimal Apfelschorle in der Glasflasche, vier Dinkel-Roggenkrüstchen aus dem Brotregal und ein kleines Glas Spreewalder Zwiebelgürkchen. Dann hieß es für mich: ab nach Hause.

Von acht Kassen waren nur drei geöffnet. Wie Berge aus Wäschekörben türmten sich die Artikel der Einkaufenden auf den Bändern. Die Menschen schienen sich auf einen drohenden Weltuntergang vorzubereiten und alles einlagern zu wollen, was man noch vom restlichen Monatsgehalt bekommen konnte. Vor mir stand ein Mann, der nur einen Bananenkarton unter dem Arm hatte, aus dem sechs Dosen Bier von links nach rechts kullerten. Das war zwar ein Lichtblick, änderte aber nichts an der Tatsache, dass die Warteschlange von hier bis Timbuktu reichte.

Ach, entschuldigen Sie, wenn ich an dieser Stelle erneut kurz unterbreche, aber da fällt mir schon wieder ein Witz ein.

Ein Mann in der DDR sieht vor einem Kaufhaus eine große Menschenschlange stehen. Neugierig geht er hin, stellt sich an und fragt seinen Vordermann: „Sagen Sie, weshalb stehen die Leute hier eigentlich an?" Daraufhin antwortet dieser: „Keine Ahnung. Der Letzte, der es wusste, ist vor einer halben Stunde gegangen."

So stand ich also nun in solch einer DDR-Schlange. Mit dem Unterschied, dass alle wussten, wofür sie anstanden: nämlich so schnell wie möglich den Kassenbereich zu erreichen, den Kontostand zu erleichtern und das Einkaufsdomizil in Richtung heimatlicher Couch zu verlassen.

Nach Äonen war ich am Band angekommen. Wäre ich eine Eintagsfliege, hätte es im Verhältnis zu ihrer Lebenszeit 84,2 Jahre gedauert.

Mein Vordermann hatte sein Dosenbier in Fahrtrichtung aufs Band gelegt, natürlich so, dass sie schwungvoll gegen meinen sorgfältig drapierten Warentrenner kullerten, sobald die Kassiererin auf den Fahrknopf drückte. Mein Nervenkostüm war lädiert, denn das Kullern gegen den Trenner und meinen Einkauf fand ich unerfreulich und so nahm ich die Tomaten wieder in die Hand, damit sie nicht von sechs unkontrollierten Becks Hülsen zusammengedrückt würden.

An der Nebenkasse, Kasse 3, hörte ich die Kassiererin einen Kunden fragen, was das wäre, das sie gerade in der Hand hält und eintippen solle.

„Wissen Sie, was das ist?", fragte sie.

„Das ist eine Papaya!", verriet ihr der Kunde.

„Hmmm, wissen Sie, was die kostet?"

„3,29 glaube ich."

„Heeeerr Schrööhööölz! Kommst du mal bitte?", rief die Kassiererin über den Kassenrand. Ein verschwitzter Mann im Polohemd, dem eine Stornokarte an einem Band um den Hals hing, kam angelaufen: „Was hast du denn, Frau Meier?", fragte er.

„Weißt du, was die kostet, Herr Schrölz?"

„Was ist das denn?"

„Das ist eine Papaya!", wiederholte der Kunde seine Sachkenntnis.

„Hmmm, weiß nicht, muss ich nachschauen!" Der Mann nahm die Papaya in die Hand und machte sich auf den Weg durch die Massen in Richtung Obst- und Gemüseabteilung. Die halbe Schlange an Kasse 3 machte: „Pffffff! Oooohhhh. Mann, Mann, Mann!" Der Kunde mit der Papaya presste seine Lippen aufeinander und zuckte mit den Schultern, als würde er sich entschuldigen wollen, dass er den ganzen Laden aufhielt.

Während ich die Szenerie so beobachtete, sagte plötzlich jemand zu mir: „Guten Tag!" Es war die Kassiererin an meiner Kasse. Ich war etwas überrascht, denn ich hatte die Abfertigung der zwei Kunden vor mir und des Bierdosenmannes irgendwie tagträumerisch verschlafen.

Ich legte die Tomaten wieder aufs Band, und ein Lächeln entwich meinem Gesicht, da der Marathon nun bald vorbei sein würde. „Piep, piep, piep", verlautete der Scanner an Kasse 2, an dieser Kasse und mit meinem Einkauf. Gummibärchen, piep. Zwiebelgürkchen, piep. Apfelschorle und Äpfel, Kekse, piep.

„Was sind das für Brötchen?"

„Dinkel-Roggenkrüstchen!“, gab ich bereitwillig Auskunft. Es machte viermal piep.

„Das sind?“, fragte die Kassiererin.

„Tomaten im Angebot! Bio!“, erwiderte ich.

Die Kassiererin schlug eine Klemmbrettmappe auf, die halb rechts an einem Stützpfeiler montiert war. Sie kniff die Augen zusammen und suchte nach dem Artikel.

„Von Bioland?“

„Nein, von Grolle aus Groß Wittfeitzen!“

„7,99?“

„Nein, 5,99 das Kilo“, sagte ich.

„Heeeerr Schrööhööölz!“

„Ja?“

„Kommst du mal bitte?“

Herr Schrölz kam angelaufen. Es schien so, dass Herr Schrölz fürs Hin- und Herlaufen Kilometergeld bekam. „Was hast du denn, Frau Kronbild?“, fragte er.

„Der Herr sagt, die sollen 5,99 kosten. Ich finde die hier aber nicht.

„Mmmh, vielleicht im Prospekt.“ Er nahm eines der Werbeprospekte vom Stapel, der an der Kasse lag, und blätterte. „Ah ja, hier! 5,99 Euro!“

„Gott sei Dank, Euro und nicht Hosenknöpfe.“, sagte Frau Kronbild. Beide lachten, und Herr Schrölz hörte von der Eins rufen: „Einmaaaal Stornooo, Herr Schrölz!“ Weiter ging es für ihn zum nächsten Staffellauf. Frau Kronbild tippte etwas ins Kassendisplay, wog die Tomaten ab und drückte die Entertaste: „Das macht dann 16,42 Euro!“

„Mit Karte bitte“, sagte ich, nachdem auch endlich die Tomaten in meinem Einkaufsbeutel gelandet waren.

„Kann losgehen!“ Der Kartenleser blinkte kurz und war für den Transfer bereit.

Gewohnt griff ich in die Innentasche meiner Jacke, doch, oh Schreck, wo war meine Geldbörse? Ich fing an, meine Jacke abzusuchen, und als ich realisierte, dass ich sie zu Hause vergessen hatte, schlich sich ein leichter Schwitzanfall über meine Nackenhaut. Kennen Sie das Gefühl, wenn Hitze langsam hochsteigt, ähnlich wie früher als Kind, wenn man Kaugummi unter den Schultisch klebte und dabei erwischt wurde?

„Moment, hab‘s gleich“, sagte ich und griff in meine Hosentasche, wo sich Bargeld befinden musste. Aus dem Tascheninhalt hatte ich die Einkaufswagengebühr ausgelegt und ich erinnerte mich, dass da noch mehr war.

Alles, was sich darin befand, legte ich auf den Kassentisch. Kleingeld. Eine Menge Kleingeld, sage ich Ihnen. Die halbe Schlange hinter mir machte: „Pffffff! Oooohhhh. Mann, Mann, Mann!“ Ich zuckte mit den Schultern, und mein ganzer Oberkörper wurde vor Scham so heiß wie eine Feuerwerksrakete. Da passierte mir doch das, wofür ich selbst nur ein Augenrollen übrighatte, nämlich wenn ältere Menschen anfingen, ihr Kleingeld herauszuholen.

Frau Kronbild war mir zum Glück behilflich und zählte: „Eins, fünf, zwölf, fünfzehn, zehn, zwanzig, zweiundvierzig. Es fehlt ein Euro!“ Sie schaute mich an, neutral wie ein Neutralreiniger.

„Oh!“, sagte ich.

„Tja“, sagte sie.

„Ähm“, murmelte ich, schaute kurz zur Decke, als wäre dort der Ausweg, und hatte plötzlich eine Idee. Bevor ich dafür verantwortlich gemacht wurde, dass Herr Schrölz für eine weitere Stornierung den nächsten Abstecher machen sollte – außerdem wollte ich meine Waren behalten –, kam mir eine bessere Idee: „Können Sie vielleicht Ihren leeren Wagen kurz in meinen schieben?“, sagte ich zu meinem Hintermann, der seinen gesamten Einkauf schon aufs Band gelegt hatte.

„Wie bitte?“, fragte er mich.

„Ich brauche den Euro, der hier im Einkaufswagen ist. Könnten Sie vielleicht den Wagen hier hineinschieben und meinen Pfand-Euro mit dem Knipser herausknipsen? Dann habe ich den Euro.“

Er war unschlüssig. Wahrscheinlich, weil er dann zwei Wagen hinausschieben musste.

„Ich fahre Ihnen dann auch die Wagen hinaus!“, versicherte ich mit dem treuen Blick von Buffi, dem Pflegedackel meiner Tante. Frau Kronbild verschränkte die Arme und ließ ein kleines „Tssis“ über ihre Lippen huschen.

„Okay!“, sagte der Mann und ließ sich auf das Experiment ein. Ich war sehr dankbar für diesen Moment, und das Klicken des Münzschlosses an meinem Wagen klang wie der Gesang von Engeln.

Dann hielt ich ihn in der Hand: den Plastikchip!

Wissen Sie, wie es ist, wenn man darüber nachdenkt, wie viele Tassen Kaffee man heute schon getrunken und keine Ahnung hat?

„Oh“, flüsterte ich und starrte die Plastikscheibe an.

„Tja“, sagte Frau Kronbild.

„Haben Sie mal einen Euro?“, fragte ich meinen Hintermann.

„Tut mir leid, ich habe nur meine EC-Karte mit!“

„Könnte mir jemand einen Euro leihen?“, rief ich in die Runde.

Und der gesamte Laden schien fast unisono zu rufen: „Tut uns leid, wir bezahlen alle nur mit Plastik!“

Frau Kronbild rollte mit den Augen und rief über ihre Kasse hinweg: „Herr Schröhöölz! Einmaaaal Stornooo!“

Tage danach ging mir die Szenerie noch durch den Kopf. Ebenso wie die beiden Tomaten, von denen ich mich verabschieden musste, da ich sie stornieren ließ, und das Gesicht von Frau Kronbild ohne jegliches Mitgefühl. Also, wenn Sie mich nach alledem nach Tipps für den Supermarkt fragen, kann ich Ihnen antworten:

Gehen Sie niemals samstags einkaufen! Sollten Sie exotische Früchte kaufen, merken Sie sich den Namen. Prägen Sie sich alle Preise der Waren ein, die Sie im Warenkorb haben. Es erleichtert die Arbeit der Kassenbereichsmitarbeiter und die von Herrn Schrölz. Überprüfen Sie den Münzschlitz am Einkaufswagen, bevor Sie Ihren sauber verdienten Euro zum Fenster hinaus- oder in das Portemonnaie eines Bodybuilders hineinschmeißen.

TÜV-Berichterstattung

Vor zwei Wochen war es mal wieder so weit, und mein Auto musste zum TÜV. Da ich, wie schon erwähnt, ein Allrounder bin, hatte ich Dinge, die mir auffielen, schon selbst erledigt. Unter anderem hatte ich auf dem Parkplatz vor meiner Wohnung den Spurstangenkopf vorne rechts erneuert. Rechts ist der Klassiker, da es für das Auto die Schlagloch- bzw. Gullideckelseite ist. Dort wird das Auto am meisten beansprucht.

Sollte man viel auf portugiesischen Straßen unterwegs gewesen sein, kann man gleich beide Seiten wechseln. Im schönen Land unter der Sonne gibt es zwar selten Gullideckel, dafür aber ein Meer von Schlaglöchern, in die man Medizinbälle stopfen könnte, und Wurzelerhebungen unter dem Asphalt, modelliert durch eskalierte Pinien, die das Auto hüpfen und wieder aufkommen lassen, wie auf einem Trampolin – nur dass der Asphalt nicht federt.

Ich erledigte alles an einem sonnigen Samstagvormittag, mit einem Wagenheber, einer Schraubknarre mit einer 18er-Nuss, dem Ersatzteil über eBay für 23,90 Euro und einer Alternative-Singer/Songwriter-Playlist aus dem Autoradio.

Den TÜV lernt man als Institution mit hoheitlicher Aufgabe auf dem Gebiet der Kfz-Überwachung kennen, sobald man ein eigenes Fahrzeug besitzt. Historisch gesehen begann das Ganze im Jahr 1855 mit dem Dampfkessel-Revisionsverein und der genialen Idee, dass man alles kontrollieren könnte, was nicht bei drei auf dem Baum ist, und Land und Leute mit stetig wachsenden Gebühren abzuzocken. Für Autos zum Glück nur alle zwei Jahre, aber das allein reicht schon für einen Industriezweig des stetigen Wachstums, wie es im kapitalistischen Handbuch steht.

Denken Sie mal kurz darüber nach, was vor zwei Jahren war. Bemerken Sie auch dieses Gefühl, als wenn es gestern gewesen wäre? Sehen Sie!

Früher war der TÜV noch ordentlich regional aufgeteilt – jeder TÜV hatte sein eigenes kleines Königreich. Doch dann kam die Deregulierung und Liberalisierung, und plötzlich tummelten sich die TÜVs wie entfesselte Frettchen überall auf den Märkten, sogar im sogenannten „freiwirtschaftlichen Bereich". Dort agieren sie seither als gierige Aktiengesellschaften und konkurrieren miteinander, als ob es einen Oscar für den tüchtigsten TÜV gäbe. Abgesehen von den bunten Auto-TÜV-Plaketten, zertifizieren sie Produkte und Anlagen, angefangen vom Föhn über heizbare Häkeldecken, bis zu störungsfreien Feuerwehrschlauch-Aufrolltürmen. Nicht nur in Deutschland, sondern weltweit, als ob sie eine geheime Mission hätten, die Welt vor unsicheren Toastern und Fassadenleitern zu retten.

Manchmal könnte man sich fragen, ob das Ganze nicht nur ein großer, leicht skurriler Witz ist – eine Bürokratie-Sitcom, in der die TÜVs unerwartete Helden sind, die wir nie wollten, aber offenbar dringend brauchen.

Das hat dazu geführt, dass man zum TÜV meistens mit einem Gefühl von Schuld, der Angst vor weiteren Reparaturen, aber auch einem gewissen passiv-aggressiven Trotz hinfährt.

TÜV-Prüfer zu sein, ist nichts für sensible Menschen. Man sollte eine fürstlich-dominante Ausstrahlung mitbringen, um dieser täglichen Aufgabe und vor allem der Kundschaft gewachsen zu sein.

Um dieser Dominanz zu begegnen, haben sich deshalb auch viele Kunden kreative Ausreden ausgedacht, um sich bei etwaigen Mängeln so gut wie möglich durchzunavigieren. Da fallen echte Bonbons gedanklicher Kreationen vom Himmel. Bekäme man fürs Zuhören eine Bezahlung, ich würde mich den ganzen Tag beim TÜV Süd vor die Tür stellen und mitschreiben.

Einige dieser Kreationen möchte ich an dieser Stelle erwähnen, weil sie zu schön sind, um wahr zu sein:

„Das macht nichts, dass die Lampen nicht gehen. Ich fahre eh nur bei Tag."

Stimmt, darüber habe ich noch gar nicht nachgedacht. Wenn man nur tagsüber unterwegs ist, sind funktionierende Lampen tatsächlich weniger wichtig. Sollte es jedoch einmal vorkommen, dass man nachts fahren muss, könnte man auf dem Armaturenbrett eine Kerze anzünden oder eine Lichterkette aus dem Baumarkt in die Scheibe hängen.

„Glauben Sie mir, da passiert nichts. Die Reifen haben schon seit einem Jahr kein Profil mehr."

Bekommen Sie, so wie ich, bei dieser Feststellung auch eine Schnappatmung, um Kontrolle über die Lufthoheit zu behalten?

„Mein Wohnwagen steht in Spanien, reicht es, wenn ich Ihnen Bilder zeige und sie machen mir dann den Stempel in die Papiere?"

Bei diesem Vorschlag habe ich wirklich darüber nachgedacht, wie man wohl den bunten Aufkleber für das Nummernschild in Spanien bekommt und wer dort kontrolliert, dass der Monat in die richtige Richtung geklebt wird. Vielleicht könnte der TÜV spanische Außendienstmitarbeiter beschäftigen und so sein Portfolio erweitern. Ich glaube, ich sollte mal für ein paar Monate Unternehmensberater sein. Den Job hatte ich noch nicht.

„Ich bin doch auch hergefahren, da kann es ja nicht so schlimm sein!"

In Portugal kommt man mit diesem Satz durch, glauben Sie mir.

„Man kann ein Auto auch tot-reparieren."

Ja, genau. Nach fest kommt lose. Das hat mein Lehrmeister in der Elektromechanik auch immer gesagt. Man sollte immer so viel reparieren, dass nichts kaputtgeht.

Prüfer: *„Sie haben starken Ölverlust am Motor.“* Autofahrer: *„Macht nix, ich habe in der Garage eine Wanne unters Auto gestellt.“*

Ich würde in Sachen Nachhaltigkeit die Verfahrensweise noch erweitern und regelmäßig den Inhalt der Wanne oben wieder in den Motor kippen – für eine echte „Full-Circle“-Lösung.

„Wenn ich die Scheibe austauschen muss, wer zahlt mir dann meine Vignette?“

Gute Frage. Der Schweizer Zoll? Rockefeller? Die Mainzelmännchen?

„Früher habe ich mich vor dem TÜV mehr gefürchtet als vor dem Zahnarzt. Aber heute hat es mir echt gut gefallen.“

Manchmal können die Dinge, vor denen wir uns fürchten, überraschend angenehm werden. Vor allem dann, wenn der Prüfer nicht gebohrt hat.

In der seit ein paar Jahren andauernden Servicekrise hatte ich die Autogarage Kaminski aufgesucht. Dort gab es tatsächlich Wartezeiten von unter einem Monat, genauer gesagt, lagen sie hier nur bei sieben Tagen.

So stand ich nun in der Werkstatt mit TÜV-Abteilung. Mein Auto hatte, wie ich am Abend zuvor auch beim Universum bestellt hatte, die Prüfung und die Abgasuntersuchung unbeschadet überstanden. Für 153,20 Euro konnte ich den fahrbaren Untersatz jetzt an der Kasse auslösen und freudig nach Hause brausen.

Den Werkstattleiter, Herrn Kaminski, kannte ich bisher also nur flüchtig. Offenbar kannte ihn der Kunde vor mir jedoch viel besser, und so entwickelte sich zwischen den beiden ein Gespräch, weswegen ich Ihnen eigentlich diese TÜV-Geschichte erzählen wollte.

Kennen Sie das? Es gibt Gespräche, wo Menschen miteinander sprechen, als würden Sie versuchen, ein Dolmetscherbuch für Fische zu schreiben. Sie verstehen eigentlich nicht, zu welchem Zweck sie reden und doch versuchen sie miteinander zu sprechen. Diese Unterhaltung ging so:

„Na, Klaus, auch mal wieder hier?", fragte Werkstattleiter Kaminski.

„Na, Michi. Ja, nee, muss ja. Alle zwei Jahre grüßt das Murmeltier. Das weißt du ja selber", erwiderte der Kunde, von dem ich ab diesem Zeitpunkt wusste, dass er auf den Namen Klaus hört.

„Wem sagst du das? Arbeitest du noch bei Eisenwaren Engelbert?"

„Ach, schon lange nicht mehr. Das ist ja schon zehn Jahre her. Ich bin jetzt bei Holzbau Hagen."

„Ach da, wo das Futterhaus ist?"

„Nee, da bei der ADAC-Zweigstelle."

„Ist da nicht auch der Laden von Inge?"

„Nee, der ist ja in der Bahnhofstraße."

„Ach, neben der Eisdiele!", rief Michi.

„Nee, neben dem Klamottenladen am Anfang der Bahnhofstraße."

„Der Klamottenladen von Hübers, die vorher am Ring Zwei waren?"

„Ja genau, aber die waren vorher in der Fritz-Meisel-Allee."

„Am Wasserturm, wo Baumarkt Sandhack ist."

„Nee, die andere Seite vom Wasserturm. Der Baumarkt Sandhack ist am Glöcknerwall."

„Ach ja, beim Schlüsseldienst Watzke", sagte Michi.

Das kann ja heiter werden, dachte ich. Wenn das so weitergeht, bekomme ich einen kompletten Stadtplan aller Einzelhandelsunternehmen samt Inhaber. Mir fehlte nur noch die Information, was für einen Laden Inge hatte. Das blieb aber im Verborgenen, denn das Thema wurde abrupt gewechselt.

„Ich bin ja nun in Rente", erweiterte Klaus die Bandbreite der Konversation.

„Langweilig?"

„Wo denkst du hin, immer was zu tun: Haus, Keller, Rasen. Gerade jetzt im Frühjahr und erst recht im Herbst."

Nebenbei reichte Michi Klaus eine Rechnung herüber.

„Mit Karte", sagte Klaus. Michi Kaminski schob ihm einen Kartenleser vor die Nase.

„Und Inge?", wollte Michi jetzt wissen.

„Na, die hat ja noch den Laden."

Aha, immerhin wusste ich nun, dass die Inge mit dem Laden die Frau von Klaus war. Ich hoffte, dass ich es im nächsten Satz erfahren würde, wurde aber enttäuscht.

„Und du so? Hier mit der Werkstatt?“, änderte Klaus wieder die Richtung, als er seine Karte über den Leser hielt und der Betrag abgebucht wurde.

„Siehst ja, immer was zu tun.“

„Bude voll, oder?“

„Kann man so sagen“, nickte Michi.

„Besser so als andersrum“, merkte Klaus an.

Mittlerweile war es fünf Minuten vor Feierabend, und ich hoffte, dass dieser Umstand und der abgeschlossene Bezahlvorgang die Unterhaltung beschleunigen und sie zum Ende bringen würde. Doch weit gefehlt.

„Was macht eigentlich Toffi?“

„Der hat sich ja noch ein Haus gebaut. Am Wiesengrund. Direkt neben Hacki, den kennst du doch auch noch.“

„Ach, ich dachte, Hacki wäre ausgewandert?“

„Nee, Beule ist ausgewandert.“

„Ach, Beule war das?“

„Ja, Beule. Zusammen mit der Martina. Die Jüngste von den Meinerts.“

„War Martina nicht die Ältere?“

„Nein, das war die Meike.“

Oje, dachte ich. Wo ist die Tischkante, in die ich hineinbeißen darf? Die ganze Szenerie erinnerte mich an zwei Pandabären, die sich um einen Bambus streiten. Es war nun drei Minuten vor Feierabend. Mein nervöses Umhertrippeln schien niemanden zu beeindrucken und die Sache auch nicht zu beschleunigen.

„Knorki habe ich auch ewig nicht gesehen."

„Ist der nicht nach Stuttgart gezogen?"

„Nee, in die Nähe von Paderborn!"

„Ach ja. Der hat da ja den Spargelhof aufgemacht."

„Spargel könnte ich auch mal wieder essen", dachte ich, während mein Magen das mit einem leisen Knurren bestätigte, und da kam doch endlich der erlösende Moment.

„Na ja, ich muss dann auch los. Abendbrot wartet", sagte Klaus plötzlich.

„Ja, halt dich wacker!"

„Muss ja, grüß Kerstin von mir."

„Katrin", berichtigte Michi.

„Ach ja, Katrin. Na, dann tschüss!"

Ich war kurz davor, Klaus in letzter Sekunde noch zu fragen, welche Art Laden Inge eigentlich hat, als er schon in seinen SUV stieg und davonfuhr. Leider konnte ich es auch nicht anhand der zahlreichen geografischen Beschreibungen kombinieren, da ich zehn Kilometer weiter lebe und mich in diesem Ort nicht auskenne.

„So, Letzter und dann Feierabend“, sagte Michi, schaute mich freundlich an und meinte mit „Letzter“ wohl mich.

„Ja, prima“, sagte ich und bezahlte mit hörbarem Ausatmen meine Rechnung am Kartenlesegerät.

„Und, noch was vor?“, fragte Michi.

„Mit dem Dackel meiner Tante Gassi gehen“, antwortete ich.

„Wir hatten auch mal einen, der hieß Arthur!“

„Meiner heißt Buffi.“

„So wie der Fußballer?“

„Nein, so wie Buffi aus dem Italienischen, was ‚lustig‘ bedeutet.“

Wenig später fuhr ich mit meinem Auto in den Sonnenuntergang. Es wäre die schönste Schlussszene eines Westerns gewesen, mit einem letzten Satz: Bis dass der TÜV uns scheidet!

Doch dann sah ich in meinem abendlichen Tagtraum dieses Schlagloch. Bevor ich ausweichen konnte, machte es „Rumms!“ und es wurde laut. Ich hielt sofort an, stieg aus und sah hinter mir ein größeres Teil des Auspuffs auf der Straße liegen.

Da stand ich nun, direkt vor einem Geschäft, auf dessen Markise in großer Schrift „Inges Friseursalon“ stand. Im Schaufenster das Tagesangebot: *Trockenhaarschnitt 14,50 Euro. Hair-Reinspaziert!*

Diese haarsträubende Geschichte glaubt mir kein Mensch, dachte ich. Packte den Auspuff in den Kofferraum und röhrte nach Hause. Morgen würde Samstag sein: ein weiterer Basteltag auf dem Parkplatz vor meiner Wohnung.

P.S.: Sollten Sie selbst mal irgendwo liegenbleiben – das Auto fährt nicht mehr und Sie wissen nicht, wie Sie auf die Schnelle nach Hause kommen – hier ein kleiner Tipp: Gehen Sie zur nächsten Filiale eines Pizza-Lieferdienstes. Bestellen Sie telefonisch eine Pizza zu Ihnen nach Hause und lassen Sie sich vom Pizzafahrer mit nach Hause nehmen.

Ein Baumarkt hat fast alles

Baumärkte sind faszinierend – wegen all der Dinge, die es auf diesem Planeten zum Bauen und Verbauen so gibt. Da gibt es Rasensteine, Hohlraumdübel, Stachelwalzen, Abstreifgitter, Dichtmörtel, Hutmuttern, Trapezbleche und Heißklebepistolen. Die Liste ist so lang wie der Einkaufszettel vom Weihnachtsmann.

Für die Familie, die mit Bauen nichts am Hut hat, gibt es dann noch Sachen wie Fußball-Plüschtiere im Trikot der Nationalmannschaft, aufblasbare Kinderplanschbecken, Heißluft-Fritteusen, schwedische Sitzsäcke oder einen Hollywoodschaukel-3-Sitzer.

Beim Gang durch die Sanitärabteilung ertappte ich mich mal dabei, wie ich bei all dem Überfluss über die philosophische Frage nachdachte, ob Raum und Zeit wirklich linear sind oder ob wir alle in einer Simulation leben. Gerade stelle ich mir vor, dass man in einem anthroposophischen Baumarkt noch einen „Gedankengang“ ausschildern könnte. Eine Abteilung, wo nichts ist. Nur ein Gang mit leeren Regalen, wo man kurzzeitig sein Gehirn vor der Reizüberflutung in Sicherheit bringt und regenerieren lässt.

Abgesehen davon finde ich es beruhigend, dass einige Werkzeuge Ländernamen tragen. So ist ein „Holländer“ ein Sechskantschrauber, ein „Japaner“ eine kleine Feinsäge und ein „Engländer“ ein verstellbarer Schraubenschlüssel. Auch tragen einige Werkzeuge Tiernamen, zum Beispiel „Piffi“ für den kleinen Hammer und „Bello“ für den Vorschlaghammer. Eine „Wiedehopfhaue“ ist eine

Waldarbeiterhacke, die „Kanalmaus“ ein Utensil zur Rohreinigung und der „Papageienschnabel“ eine Rohrzange. Dann gibt es noch „Krokodilklemmen“, „Froschklemmen“, „Schneckenbohrer“ und „Madenschrauben“.

Letztens war ich wieder dort, um ein paar Schrauben für meinen Laptop zu besorgen. Ich hatte den Akku gewechselt und beim Wiederzusammenschrauben des Geräts fehlten plötzlich drei Schrauben. Aufgrund ihrer Größe konnte ich sie einfach nicht finden. Erst das leise Klingeln im Staubsaugerrohr zwei Tage später verriet mir, dass sie unter das Sofa gerollt waren.

Da ich nicht lange suchen wollte, ging ich direkt zu einem der Informationstresen, um die Verfügbarkeit solcher Schrauben im Marktsortiment zu erfragen. Dazu schraubte ich eine Musterschraube aus dem Laptop, um sie einem Mitarbeiter zu zeigen und die passende Größe zu finden.

Vor mir stand ein Mann, der ebenfalls eine Information benötigte. Wie ich schnell herausfinden durfte, hatte sich das Gespräch zwischen dem Baumarktmitarbeiter und dem Kunden gewaschen.

Lehnen Sie sich zurück und versuchen Sie genauso wenig wie ich zu verstehen, was dort geschah. Es wird Ihnen so vorkommen, als ob die Außerirdischen tatsächlich schon lange gelandet sind, denn hier entfaltete sich ein ganz eigener Kosmos.

„Guten Tag!“, sagte der Kunde.

„Guten Tag!“, sagte der Mitarbeiter.

Anmerkung: Bis hier hin ist noch alles gut.

Der Kunde beugte sich etwas nach vorn, legte seine Unterarme auf den Tresen und äußerte sein Anliegen: „Ich suche eine Kantwalze, fünfer Durchschlag rechtsdrehend.“

„Moment, ich schau mal“, sagte der Mitarbeiter und schlug einen Katalog auf, der so dick wie ein Lexikon war. Dann blätterte er eine Weile. Schließlich antwortete er: „Oh, ich glaube, da haben wir nur die sechser und auch nur mit Knappflechtung, freidrehend, Endanschlag.“

„Nee, das nützt mir ja nichts. Dann nehme ich dafür eine Bunsendrose, zölligen Durchgang, aber die mit dem rückdrehenden Klampenaufsatz“, sagte der Kunde.

„Mit oder ohne Stützkante?“

„Ähm, bitte mit Stützkante, aber die dann mit Konter-Rasterung!“

„Drinsen- oder Krupfsenkung?“

„Was kosten die denn?“, erkundigte sich der Kunde.

„Die Drinsen kosten 6,21 Euro bei drei Stück und 5,23 Euro bei zehn Stück. Die mit Krupfsenkung haben keinen Rabatt. Ach, und ich sehe gerade, da ist die Stützkante auch in Franzkantenrasterung und die Drinse ist drei Zoll. Das hilft Ihnen auch nicht weiter, oder?“, erklärte der Mitarbeiter.

Beeindruckt von diesem Paralleluniversum stand ich daneben und hätte gerne jemanden gehabt, der mir sagt, dass ich den Mund hätte zuklappen sollen.

Der Kunde kratzte sich kurz am Ohr und sagte: „Wenn die Rückfeder in Reiberichtung liegt, dann passt das schon. Haben Sie die?“

„Moment!“ Der Mitarbeiter blätterte wieder in seinem intergalaktischen Fachkatalog. Nachdem er anscheinend die richtige Spalte gefunden hatte, sagte er: „Die mit Rückfeder in Reiberichtung ist da, aber der Klampenaufsatz ist vordrehend. Ist also nicht so ganz eine Drinse.“

„Das ist aber eine Bunsendronse, oder?"

„Ja!"

„Zöllig?

„Und die Franzkantenrasterung stört nicht beim Auswuchten in Klopfrichtung?"

„Nein, weil die Rückfeder ja in Reiberichtung liegt", sagte der Mitarbeiter und zwinkerte freudig motivierend mit seinen Augenbrauen.

„Was kostet die?", fragte der Kunde.

„Eins dreiundvierzig."

„Prima, dann nehme ich die", freute sich nun der Kunde.

„Einen Moment bitte. Ich bin gleich wieder da", sagte der Mitarbeiter zu mir und ging mit dem Kunden den Eisenwaren-Gang entlang. Am Ende holte er aus der untersten Schublade eines Sortimentregals ein Teil, das so klein wie ein Fingerhut war, und drückte es dem Kunden in die Hand. Der Herr bedankte sich noch einmal und ging emotionslos an mir vorbei in Richtung Kasse, als ob es das Normalste der Welt wäre, eine Bunsendronse zu kaufen.

Der Mitarbeiter kam zurück, schaute mich freundlich an. „Wie kann ich helfen?", fragte er mich.

„Haben Sie solche Schrauben?", sagte ich und hielt ihm meine Musterschraube hin.

„Mmm, nein, da muss ich passen. Das sind koreanische Feingewindegrößen. Da müssen Sie wirklich in den Computerladen."

Obwohl man aus hygienischen Gründen in einem Baumarkt nicht essen darf, kramte ich ein Bonbon aus meiner Hosentasche, das ich gerade dort gefunden hatte, wickelte es aus, schob es in den Mund und kaute darauf herum, um meine Nerven zu beruhigen.

„Schade, dann vielen Dank", verabschiedete ich mich.

„Gerne", sagte der Mitarbeiter.

Ich weiß bis heute nicht, wofür man eine Bunsendronse braucht. Ob man damit einen Nussknacker aus Holz bearbeiten oder den Warp-Antrieb der Enterprise tunen kann, damit Kirk & Co schneller durch ein Wurmloch fliegen, ich habe keine Ahnung. Vielleicht finden Sie es heraus.

Eines weiß ich jedoch: Sollte man eine bestimmte Art von eigentlich handelsüblichen Schrauben benötigen, kann es sein, dass man in einem Baumarkt mit circa fünfzigtausend Artikeln, darunter sechshundert Schraubenarten und -größen, erfolglos nach Hause geht und denkt: „Ich glaube, ich habe eine Schraube locker."

Aberglaube, Horoskope und Zeitschriften beim Arzt

Wenn man das Gefühl hat, vom Pech verfolgt zu sein, und die Serie an Komplikationen hält nicht nur einen Tag an, sondern schon über längere Zeit, dann glaubt man irgendwann an eine Art „Magie", die man nicht erklären kann. Das war schon im Mittelalter so, und wahrscheinlich haben wir in dieser Beziehung noch epigenetische Restspuren: den Aberglauben.

Da gibt es zahlreiche Dinge, die uns begegnen und über Glück und Unglück entscheiden können. Das Gute daran ist, dass man theoretisch eine Erklärung hätte, wenn im Büro die Kaffeemaschine versagt, weil einem am frühen Morgen eine schwarze Katze von rechts nach links begegnet ist. Klar, die Katze war es. Nicht etwa der billig produzierte Schrott, der nur 200 Tassen lang hält.

Wenn der Computer abstürzt oder das Internet ausfällt, könnte man es darauf schieben, dass man Salz verschüttet und vergessen hat, eine Prise über die linke Schulter zu werfen.

Läuft ein wichtiges Meeting schlecht, wäre eine Erklärung, es würde daran liegen, dass man unter einer Leiter hindurchgegangen ist. Klar, die Leiter vom Hausmeister, die im Flur stand, während er obenauf eine Lampe wechselte. Da hat man nicht nur die Leiter als Schuldigen, sondern auch noch einen Ansprechpartner für später, wenn das Meeting endlich vorbei ist.

Wenn man seine Schlüssel nicht finden kann, könnte man vielleicht denken, es würde daran liegen, dass man einen Spiegel zerbrochen hat. Gehen Sie ins Badezimmer, wenn Sie Ihren Schlüssel suchen. Ist der Spiegel heil, könnte der Schlüssel vielleicht dort liegen. Sollte der Spiegel zerbrochen sein, dann haben Sie sieben Jahre Pech und es kann sein, dass Sie erst danach Ihren Schlüssel finden.

Springt das Auto nicht an, könnte man glauben, es käme daher, dass man die Reise an einem Freitag begonnen hat. Wenn dieser Freitag auch noch ein Dreizehnter ist, rate ich Ihnen, den ganzen Tag im Bett zu bleiben und sich nicht vom Fleck zu rühren, denn draußen tobt die Gefahr in allen Lebenslagen!

Wenn bei einer Geburtstagsfeier etwas schiefgeht, wäre vielleicht anzunehmen, die Ursache liegt darin, dass die Geburtstagskerzen nicht auf einmal ausgeblasen wurden. Stellen Sie deshalb immer nur maximal drei Kerzen auf die Torte, auch wenn der Jubilar 103 Jahre alt wird.

In Japan soll es sogar so sein, dass es Unglück über die Familie bringt, wenn man sich nachts die Fingernägel schneidet. In China gilt die Zahl 4 als Unglückszahl, weil sie ähnlich wie das Wort für „Tod“ klingt. In Indien bringt es Pech, wenn man die Schwelle mit dem linken Fuß zuerst überschreitet. Denken Sie daran, wenn Sie in diesen Ländern sind. Merken Sie sich die Wörter *Fingernägel*, *Vier* und *linker Fuß*. Es könnte Ihnen dort das Leben retten.

Es gibt aber nicht nur Dinge, die einem Pech bringen. Wir sollten nicht zu pessimistisch sein, denn zu allem Negativen gibt es auch etwas Positives, zu dem Yin gehört das Yang, Plus zu Minus. Das hat der Kosmos seit Äonen so eingerichtet, da braucht man sich nur einmal ein Atom anzuschauen.

Einen Cent auf der Straße zu finden, bringt Glück. Versuchen Sie, so viele wie möglich davon zu suchen und zu sammeln. Das bringt nicht nur Glück, sondern Sie auch täglich ausreichend an die frische Luft.

Hufeisen sind ein beliebtes Hochzeitsgeschenk und sollen dem Paar Glück bringen. Frauen freuen sich besonders über Hufeisen, vor allem dann, wenn dort noch ein ganzes lebendiges Pferd dran ist.

Einen Regenbogen zu sehen, bringt Glück. Um diesen so oft wie möglich zu erleben, könnten Sie sich einen Rasensprenger in den Garten stellen und diesen bei Sonnenschein gleich morgens anschalten. In dem Zusammenhang fällt mir auch eine Geschäftsidee ein, die Sie interessieren könnte: Da es ebenso Glück bringt, wenn es am Hochzeitstag regnet, könnte man eine mobile Sprinkleranlage vermieten. Diese könnte man dann für einen exorbitanten Betrag über der Tür des Standesamtes montieren und beim Heraustreten des Brautpaares einschalten. Das hat auch den Vorteil, dass Sie dem Standesamt eine Fassadenreinigung berechnen könnten. Für das Standesamt ist das eine Win-win-Situation, denn das ist immer noch besser, als Reiskörner aus den Fugen zu kratzen, mit denen das Brautpaar beworfen wurde.

Ich möchte diese Reihe mit einem sogenannten „doppelt gemoppelt“ abschließen. Wenn Sie Geld verlieren, könnten Sie es darauf schieben, dass Sie den Glückscent nicht aufgehoben haben.

In all dem, was uns auf diesem Gebiet widerfahren kann, gibt es zum Glück mittlerweile dutzende Experten, die uns behilflich sind. Ich möchte mich als Erstes auf die ausgefeilte Wissenschaft der Horoskope beziehen. Was dort in Sternzeichen und Konstellationen von Mars zu Venus und Jupiter zu Venus um uns herum kreist, hat ganz andere Einflüsse als die schwarze Nachbarskatze auf der Suche nach einer Maus.

Horoskope basieren auf der Astrologie, einem System, das glaubt, dass die Positionen der Himmelskörper zum Zeitpunkt der Geburt die Persönlichkeit und das Schicksal einer Person beeinflussen können. Sternzeichen wie Widder, Stier, Zwillinge usw. werden basierend auf dem Geburtsdatum zugeordnet. Dort können Sie dann lesen, wer Sie sind und warum Ihnen ab und an das Preiselbeer-Tortenstück auf das Hemd fällt, weil es eben Ihrem Charakter entspricht. Das kann sehr erleichternd sein, zu wissen, dass es nicht anders geht und Sie Ihr Bestes versuchen.

Das Ganze gibt es auch als Tages-, Wochen- und Jahresvorhersagen, wo Horoskope über bestimmte Zeiträume allgemeine Ratschläge oder Vorhersagen geben. Dies bietet Ihnen eine gewisse Planungssicherheit, denn wer möchte schon den Job wechseln, wenn Uranus auf Mars zuläuft und beide eine direkte Lichtlinien-Konjunktion auf 26 Grad Stier bilden? In einem solchen Fall sollten Sie den Jobwechsel besser vermeiden, da dies fatale Folgen haben könnte.

An der Stelle möchte ich aber darauf hinweisen, dass die Welt der Horoskope ein komplexes und vielschichtiges Gebiet ist und ein faszinierendes Fenster in die Möglichkeiten der menschlichen Wahrnehmung und Interpretation des Universums bietet.

So saß ich einmal beim Arzt und auf dem Tisch lagen diese typischen Zeitschriften, die es – jedenfalls in meiner Welt – nur beim Arzt gibt. Da die Wartezeit (wie üblich) lang war, nahm ich mir eine dieser Zeitschriften und blätterte darin herum. Nach diversen Rezepten zum Abnehmen und der Nachricht, dass Fürst Albatros Prinzessin von Hockebusch geheiratet hatte, kam ich schließlich zu den Horoskopen.

„Schütze: Diese Woche wird Ihre Gesundheit durch karmische Energien gestärkt. Achten Sie darauf, sich in einer entspannten Umgebung aufzuhalten und negative Einflüsse zu vermeiden. Ihr Aszendent ist Wassermann und trägt zu weiteren Aktivitäten bei."

„Aha", dachte ich, suchte den Wassermann auf und las weiter.

„Wassermann: Eine unerwartete Wendung wird Ihre Gesundheit verbessern. Eine alte Weisheit oder ein unerwartetes Ereignis wird Sie auf den Weg der Genesung führen."

In diesem Moment rief die Arzthelferin meinen Namen auf. Ich legte die Zeitschrift wieder auf den Tisch des Warteraums und folgte ihr in das Sprechzimmer.

Dr. Schmidt empfing mich mit einem geheimnisvollen Blick. „Ah, Sie sind also derjenige mit den unerklärlichen Symptomen. Lassen Sie mich raten, Sie haben versucht, Ihr Chakra zu öffnen?"

Ich war perplex. „Hä? Äh, nein, eigentlich [...]"

Dr. Schmidt winkte ab. „Keine Sorge, ich verstehe. Heutzutage sind die Leute skeptisch gegenüber alternativen Heilmethoden. Lassen Sie mich Ihre Aura prüfen."

Er machte ein paar seltsame Handbewegungen um mich herum und schloss dann die Augen. „Hm, ich spüre eine starke Energieverschiebung. Es scheint, als hätten Sie eine außergewöhnliche Verbindung zum Universum und dass da Ihre Heilung in den Sternen steht."

Na super, dachte ich, nicht nur meine finanzielle Sicherheit steht in den Sternen.

„Und was ist mit meinen Symptomen?", fragte ich unsicher.

Dr. Schmidt lächelte geheimnisvoll. „Ihre Symptome sind die Folge einer kosmischen Disharmonie, die nur durch eine spirituelle Reinigung behoben werden kann."

Er zog eine Räucherstäbchen-Schale hervor und begann, sie um mich herum zu schwenken. „Spüren Sie, wie die Schwingungen des Universums Sie umgeben? Das ist der Schlüssel zur Heilung."

„Und was ist mit der Untersuchung?", fragte ich schließlich verwirrt.

Dr. Schmidt machte eine bedeutungsvolle Handbewegung. „Ah, die Macht der Sterne hat bereits alles offenbart. Sie sind geheilt, mein Freund. Gehen Sie nach Hause und führen Sie ein Leben in Harmonie mit den Planeten."

Ich war sprachlos. Ich bedankte mich höflich und verließ die Praxis, immer noch ungläubig darüber, wie ich ohne jegliche medizinische Behandlung gesund geworden war. Als ich mir vor der Tür eine Zigarette anzünden wollte, dachte ich darüber nach, dass ich ja eigentlich gar nicht rauche. Als dann der Dackel Buffi vor mir stand, mich anschaute und sagte: „Na, alles klar im Horoskopenleben?“ und ich darüber nachdachte, dass Dackel gar nicht sprechen können, wachte ich auf.

Und als ich aufwachte, merkte ich, dass ich mich bester Gesundheit erfreute. Es war ein Tag, an dem man gerne aufsteht und die Sonne, die Sterne und das ganze Universum umarmen möchte. Ich sage Ihnen, Horoskope können etwas bewirken!

Sollten Ihnen irgendwann Horoskope über den kosmischen Weg laufen, nutzen Sie diese am besten für Ausreden: „Sorry, ich kann heute nicht den Abwasch machen – mein Tageshoroskop hat vorhergesagt, dass ich mich vor Wasser hüten soll, um negative Energien zu vermeiden! Ich nehme das kosmische Zeichen sehr ernst!“ oder auch „Guten Tag Chef, ich habe die Abgabe vermasselt und der Kunde ist weg, das ist aber in Ordnung, weil mein Horoskop mir prophezeit hat, dass solche Missgeschicke zu neuen und besseren beruflichen Chancen führen werden!“

Das Universum wird Ihnen ganz neue Möglichkeiten eröffnen, glauben Sie mir, ich kenne mich damit aus.

Schweigen in der Bäckerei

Ich war mal mit einem Freund im ländlichen Raum des Bergischen Landes unterwegs. Wir hatten eine kleine Show inszeniert und ein paar Läden gebucht, in denen wir auftreten konnten. Das Ganze war nicht sehr lukrativ – das Künstlerleben ist kein Ponyhof –, aber immerhin so, dass wir für eine Weile die täglichen Brötchen zusammenbekamen. Mühsam ernährt sich das Eichhörnchen, würde meine Tante Gitti sagen.

So fuhren wir also in einem Auto, das doppelt so alt war wie wir beide zusammen, und freuten uns, wenn sich abends ein paar

Leute über *uns* freuten. Mein Freund spielte Gitarre und ich Cajon. Das Herumtingeln machte Freude.

Es war Mittagszeit, und unser Musikantenmagen verspürte den ersten Hunger. Natürlich bedienten wir das allgemeine Künstlerklischee, so spät wie möglich im Hotel aufzustehen und auszuchecken. Nun wurde es langsam Zeit, sich dem Kulinarischen zu widmen. Vielleicht noch einen Kaffee auf die Faust dazu, das wäre famos.

Die Fernverkehrsstraße führte durch einen kleinen Ort, und am Ende einer S-Kurve entdeckten wir eine Bäckerei. Das kam uns sehr gelegen. Irgendetwas werden die bestimmt für uns haben, dachte ich und bat meinen Freund, hier zu halten. Das Auto hielt wie befohlen und wir stiegen aus.

Die Bäckerei „Schramp" machte von außen einen guten Eindruck. Sie war in ein Fachwerkhaus eingebettet und befand sich im ersten Stock, den man über eine Treppe erreichte. Ich fand das architektonisch sehr besonders, denn sonst kannte ich nur ebenerdige Bäckereien mit Schaufenstern zur Straße.

Mein Freund und ich stiegen also frohen Mutes die Treppe zur Bäckerei hinauf, die, als wir sie erreichten, innen viel größer war, als sie von außen wirkte. Zu unserem Erstaunen war der Gastraum rappelvoll. Eine große Menschenansammlung stand vor dem Glastresen mit seinen Auslagen – wir schätzten etwa fünfunddreißig Leute.

Mein Freund und ich, wir schauten uns kurz an und fanden es angemessen, uns mit anzustellen, ehe wir etwas anderes suchten. Meistens dauert es dann doch länger, etwas Neues zu finden, und wer von uns beiden wusste schon, ob es im nächsten Ort überhaupt eine Bäckerei gab. Das ist so, als ob man einen guten Film sucht und stattdessen erst mal drei Stunden durch die Werbung zappt. Gesagt, getan – wir stellten uns also an.

Was uns im ersten Augenblick etwas verwunderte, war die Stille, die in dem Laden herrschte, und dass niemand von den Anstehenden etwas bestellte. Verdutzt sahen wir uns an, bis die Verkäuferin rief: „Ja, bitte, Sie wünschen?"

„Aha", dachten wir, „es passiert doch etwas." Bis ich ein paar Sekunden später realisierte, dass die Verkäuferin uns meint. Wir schauten uns wieder an, wie zwei Passagiere, die auf einen Flug warten und plötzlich merken, dass sie die einzigen am Terminal sind.

„Ähm, also", stammelte ich.

„Sie können auch gerne hier nach vorn kommen", rief die Verkäuferin und winkte uns heran. Fünfunddreißig Augenpaare und die der Verkäuferin waren auf uns gerichtet.

Irritiert gingen wir an der Menschentraube vorbei und standen nun als Erste in der Schlange. Was war das hier für eine Szenerie? Waren diese Menschen gar nicht echt und nur wir konnten sie sehen? Vielleicht waren wir in der Folge einer postapokalyptischen Zombieserie gelandet. Es war wirklich etwas unheimlich.

„Ja, also, dann nehmen wir vier Croissants und zwei von den Zimtschnecken." „Zucker hilft bei Stress", dachte ich bei der letzten Bestellung. „Und noch zwei Kaffee zum Mitnehmen."

„Sehr gerne", sagte die Verkäuferin, als wäre nichts, und packte alles in eine Tüte. Hinter uns schwieg die Menge weiterhin. Eine Frau räusperte sich, und ich merkte, wie sich meine Nackenhaare aufstellten, wie bei einer Katze, die einen Kugelfisch verschluckt hat.

Ich bezahlte und nahm die Tüte vom Tresen, mein Freund die beiden Pappbecher mit dem Kaffee. Dann gingen wir an der Warteschlage vorbei und verließen den Laden. Draußen standen wir vor unserem Auto. Mein Freund nahm erst einmal zur Beruhigung einen Schluck Kaffee und sagte zu mir: „Sag mal, hast du das verstanden?"

„Nee, keine Ahnung!", sagte ich und wollte noch hinzufügen, dass ich die Szene etwas gruselig fand und ganz gerne schnell losfahren möchte. Da öffnete sich die Tür, und die Verkäuferin kam heraus. Sie holte eine Zigarettenschachtel aus ihrer Hosentasche und zündete sich eine Zigarette an. Nun war die Neugier doch größer als der Fluchtimpuls. „Sag mal, warum stehen die Leute da eigentlich an?", fragte ich die Verkäuferin, die offensichtlich eine Rauchpause einlegte, weil es drinnen anscheinend nichts zu tun gab.

„Ab 13:00 Uhr kostet alles nur noch die Hälfte", sagte die Verkäuferin. Ich schaute auf die Uhr meines Smartphones. Es war 12:54 Uhr. Zugegeben, fassungslos standen mein Freund und ich da und starrten die Verkäuferin an. Sie schaute zurück, blies Rauch aus, hielt kurz Ausschau in alle Richtungen, um sicherzustellen, dass sie niemand beobachtete, und machte dann die typische Scheibenwischerhand vor dem Gesicht, die beschreibt, wenn man jemanden für nicht ganz dicht hält.

Wir brauchten ein paar Kilometer im Auto, um zu realisieren, welch alltäglicher Irrwitz uns begegnet war. Als wir uns vorstellten, dass diese Szenerie wohl jeden Tag passiert, hätte ich mir fast den Kaffee über das Hemd gekippt. Wie war das eigentlich? Hat diese Bäckerei überhaupt jemals etwas vor 13:00 Uhr verkauft? Und wenn ja, dann nur an zwei Landstreicher wie uns?

Zu unserer Freude waren die Mehlprodukte dieser Bäckerei ganz vorzüglich, auch wenn wir sie um 12:53 Uhr gekauft hatten und sie damit doppelt so teuer wie um 13:00 Uhr waren.

Aber hey, dafür hatten wir nicht nur Croissants und Zimtschnecken, sondern auch eine Geschichte, die wir dann am selben Abend vor dem Publikum erzählten. Dabei rief ein Mann aus dem Publikum zurück: „Das stimmt! Ich war da auch schon mal gegen 12:50 Uhr!“

Kapitel 4

Digitale Dilemmas

„Anna log, dass digital besser wäre."

© von Autor

Künstliche vs. natürliche Intelligenz

Wie ich schon erwähnte, haben mich die Lebenskreuzungen auch ein wenig in die Geheimnisse der IT-Welt blicken lassen. Wie so oft im Leben spielt der Zufall eine Rolle, und es begann eigentlich ganz harmlos. Eine Bekannte fragte, ob ich etwas für ein Onlineportal zeichnen und ein paar Texte dazu veröffentlichen wolle, und ehe ich mich versah, hatte ich nicht nur die grafische Gestaltung, sondern das ganze Backend einer WordPress-Installation an der Backe.

Vielleicht kennen Sie es auch selbst aus Ihrer Berufserfahrung. Webseiten sehen einfach aus, wenn man als User darin herumklickt oder je nach Gerät herumwischt. Was sich aber dahinter an Codes, Programmierungen und vor allem endlos anmutenden Testabläufen verbirgt, ahnt kein Mensch.

Nach meinen Erfahrungen wundert es mich nicht, dass viele ITler nach wenigen Jahren das Handtuch schmeißen und lieber in einem Einhorn-Kostüm Kindergeburtstage unterhalten, um rechtzeitig einem Burn-out zu entkommen.

Der Grund ist das Gefühl eines Wertschätzungsdefizits: Es wird immer dann gemeckert, wenn etwas nicht klappt. Generell wird aber ohnehin gemeckert, weil etwas zu lange dauert oder weil etwas anders aussehen sollte. Wie genau das „Anders" sein soll, weiß der Auftraggeber auch nicht, aber es soll auf jeden Fall anders sein.

In meinem Fall ist das auch der Grund, warum ich solche Arbeiten nur noch selten mache und mich darauf konzentriere, lieber andere Jobs anzunehmen, wie etwa Tester für Wasserrutschen und Erlebnisbäder oder für fünfzehn Euro die Stunde in unauthentischen Ritterrüstungen auf Mittelaltermärkten herumzulaufen. Schon allein deswegen, weil man dort nicht befürchten muss, irgendein Passwort zu vergessen.

Letztens nahm ich jedoch wieder so einen Auftrag an. Im Moment der Anfrage zeigte ich emotionale Schwäche und konnte einfach nicht Nein sagen, obwohl ich zugebe, dass der Umstand, wie es dazu kam, nicht ganz unangenehm war.

Ich war gerade mit Dackel Buffi im Park unterwegs, da entdeckte er am anderen Ende der Wiese eine Pudeldame und war schneller weg, als ich schauen konnte. Besser gesagt, er war sehr schnell hingelaufen: nämlich zu der Pudeldame, um sie schwanzwedelnd zu umkreisen und sie zu beschnuppern. Ich, als untrainierter Möchtegern-100-Meter-Sprinter, rannte so gut es ging hinterher.

„Buffi, kommst du her! Kommst du her!“, hörte ich mich tatsächlich rufen. Genau wie all die Pärchen um die 60, die auf einem Campingplatz ihren Hund nicht im Griff haben, während dieser gerade den Wasserball einer Pool-Animationsgruppe zerbeißt.

Angekommen, stellten wir uns vor. Also die Begleiterin der Pudeldame und ich. Wobei ich an dieser Stelle betonen möchte, dass ich bewusst nicht „Besitzerin“ sage, da man aus meinem ethischen Verständnis Tiere nicht besitzen kann. Genauso wenig wie Herr Schlotterbeck von nebenan Frau Schlotterbeck nicht besitzt und andersherum auch nicht, auch wenn man sich versprochen hat.

Ja, der Moralapostel kommt gelegentlich bei mir durch. Das habe ich ihm erlaubt. Der tut nichts, der will nur spielen.

Die Begleiterin und ich kamen jedenfalls dank Buffis Initiative schnell ins Gespräch. Zuerst tauschten wir die Namen der Hunde aus – die Pudeldame hieß Lucy – dann ein paar Worte über das Wetter und die Farben der Blumen im Park, danach die ganzen Lebensgeschichten und schließlich unsere Telefonnummern.

Jessica, Lucys Begleiterin, hatte Probleme mit ihrer Website und fragte mich, ob ich ihr helfen könne. Es wäre eigentlich nichts

Großes, nur ein paar grafische Anpassungen und Menüpunkte. Eigentlich gefällt ihr die Seite, so wie sie ist, meinte sie, aber irgendetwas könnte auch anders sein, nur wüsste sie nicht genau, was. Also sagte ich zu, da es ein guter Vorwand war, damit Dackel Buffi und Pudeldame Lucy so in Kontakt bleiben können. Zwinkersmiley.

Einen Tag später schickte mir Jessica die Zugangsdaten, nachdem wir zwei Stunden telefoniert und eigentlich über alles andere gesprochen hatten, nur nicht über die Webseite.

Etwas später setzte ich mich doch an den Laptop und rief die Seite von Jessica auf. Ja, dachte ich, irgendetwas könnte anders sein, und zwar … alles!

Da flog mich etwas aus dem WWW an, mit einer ganz eigenen Definition von „State of the Art". Es fehlten nur noch die animierten GIFs als Buttons, der Besucherzähler und ein Gästebuch, um noch mehr an die Steinzeit des Webdesigns zu erinnern.

Wer auf so eine Seite stößt, hat eine Besuchszeit von unter einer Sekunde, dachte ich. Es sei denn, man glaubt, dass Pinguine Rollschuh fahren können.

Darunter stand: „Mit freundlicher Unterstützung von WordPress". Echt jetzt? Ich konnte es nicht so ganz glauben, denn zufällig kannte ich mich genau damit aus.

Ich loggte mich ein und betrat den Raum, der hinter der Fassade liegt. Alles sah so aus, wie ich es kenne. Gut, dachte ich, da kann man etwas machen. Es scheint so, als ob nur die „Grafikabteilung" geschlafen hatte, und mit ein paar Handgriffen könnte ich etwas Schlichtes und Übersichtliches gestalten.

Ich klickte auf den Editor. Ach du meine Güte, was ist das für eine Version? Na gut, erst mal die Schriftart ändern. Klick. Nachricht:

„Um die Schriftart zu ändern, benötigen Sie die Creator-Version. Statt 48,00 Euro 352,00 Euro im Jahr. Klicken Sie jetzt für Premium."

Ich dachte, mich laust der Affe.

Gut, das ging schon mal nicht. Dann sollte ich wenigstens die Breiten- und Höhenverhältnisse der Inhalte ändern. Klick. Nachricht: „Premiumdienste. Für diese Änderung benötigen Sie die Creator-Version. Statt 48,00 Euro 352,00 Euro im Jahr."

Dann versuchte ich zumindest die Breiten und Höhen der Überschriften zu ändern. Sie ahnen vielleicht, was folgte. Klar, „Premium".

Ich weiß nicht genau, wer irgendwann mal auf die Idee kam, „Mehr-Geld-für-das-gleiche-Zeug" gegen das Wort „Premium" auszutauschen.

Das allgegenwärtige Wort „Premium". Es schleicht sich in jeden Winkel der Verkaufswelt, wie ein ungebetener Gast auf einer Party, der sich selbst für den Star des Abends hält. Ursprünglich dazu gedacht, etwas von höchster Qualität zu bezeichnen, hat „Premium" inzwischen die gleiche Bedeutungstiefe wie eine schlecht gestopfte Socke.

Überall wird man von sogenannten „Premium"-Produkten umzingelt. Da ist der „Premium"-Orangensaft, der aus handverlesenen Orangen gepresst wurde, aber genauso gut aus Konzentrat stammt. Oder wie wäre es mit einem „Premium"-Fahrradhelm, der Ihnen für einen stolzen Preis verspricht, dass er aus dem gleichen Material besteht, das auch von NASA-Astronauten genutzt wird – weil Ihr täglicher Weg zur Arbeit genauso gefährlich ist wie ein Raumflug.

Man könnte fast meinen, die Verkaufswelt habe sich kollektiv verschworen, und „Premium“ ist ihr geheimes Werkzeug, um uns in die Verzweiflung zu treiben. Wir sollen dann hoffen, dass „Premium“ uns ein kleines Stück zufriedener macht. Zum Beispiel handabgefülltes „Premium“-Wasser aus unberührten Quellen des Himalajas oder „Premium“-Papiertücher als göttlichen Akt des Naseputzens. Und natürlich „Premium“-Abos, wo man die Schriftarten ändern kann.

In der Autobranche nennt man „Premium“ „Extras“, und die Dynamik dort nimmt mittlerweile ungeahnte Züge an. Zum Beispiel die Idee, ein Auto zu kaufen und erst später die Sitzheizung oder das Navigationssystem gegen Gebühr zu aktivieren. Wie wäre es gleich mit den Bremsen? Oder dem Lenkrad? Oder überhaupt mit den Türen, damit man hineinkommt?

Das ist doch ein Witz. So wie dieser: Fahren zwei Scheibenwischer über die Autobahn, was ist das? Ein VW ohne Extras.

Nein, ich wollte kein „Premium“, um eine simple Webseite mit einem Design auszustatten, das dem ganz normalen Zeitgeist dieses Jahrtausends entspricht.

Dann kam ich auf die Idee, mich bei den zahlreichen Template-Varianten umzuschauen, die im Paket vorhanden waren. Vielleicht war dort etwas dabei, das einigermaßen nach Stil aussah. Klick: Reiter „Design“ unter „Themes“.

Es war grauenhaft. Nachdem ich etwa zwölf nicht „Premium“-Varianten ausprobiert hatte und jede schlimmer war als die andere – abgesehen von der Möglichkeit, noch schlimmere Schriftarten zu wählen als zuvor – beschloss ich, aufzugeben und das alte Template wiederherzustellen.

Klick, Klick … Klick, Klick … „Ähm, hallo?“ … Klick, Klick.

Sie ahnen es vielleicht schon? Ich konnte das alte Design nicht mehr herstellen. Der Button „Wählen Sie das Design" war zwar vorhanden, aber nichts rührte sich. Nach einer halben Stunde verzweifelter Suche und zwei Telefonaten mit IT-begabten Freunden klickte ich schließlich im Servicebereich auf den Support-Button.

Das Hilfe-Center öffnete sich: „Hallo! Ich bin *Wama*, der KI-Assistent. Hast du ein Problem mit deiner Website oder deinem Konto? Erzähl mir alles darüber und ich helfe dir gerne."

„Ja, und ich bin der Kaiser von China", dachte ich. Zugegeben, ich war mental etwas angeschlagen von den Unmöglichkeiten, an denen ich nun schon fast zwei Stunden herumbastelte.

So formulierte ich: „Im Paket war das Theme Appleton installiert. Nachdem ich andere Themes ausprobiert habe, lässt sich Appleton nicht mehr zurücksetzen."

Wama: „Es tut mir leid zu hören, dass du Probleme mit dem Zurücksetzen des Appleton-Themes hast."

Ich: „Ja, schön zu hören. Mir tut das auch leid. Was jetzt?"

Wama machte einige Vorschläge, die ich alle schon ausprobiert hatte.

„Die Vorschläge sind nicht erfolgreich", schrieb ich und merkte, wie sich allmählich mein Sternzeichen Waage in Stier verwandelte.

Wama: Wenn das Appleton-Theme nicht in der Liste der verfügbaren Themes erscheint, könnte es aus irgendeinem Grund nicht mehr verfügbar sein. In diesem Fall könntest du dich an den Support wenden, um weitere Unterstützung zu erhalten.

Ich schrieb: „Das hier ist der Support! DU bist der Support!"

Wama: „Es tut mir leid für das Missverständnis. Als Benutzer des Starter-Plans hast du Zugriff auf den Expertensupport, der dir bei solchen Problemen helfen kann. Klicke auf das Fragezeichen-Symbol in der unteren rechten Ecke des Bildschirms, wähle ‚Kontaktiere uns' oder ‚Support kontaktieren'."

Aha, dachte ich, das probiere ich doch mal aus. Vielleicht meldet sich ein echter Mensch, der mir weiterhelfen kann. Ich klickte auf das Fragezeichen-Symbol und dann auf „Kontaktiere uns".

Sofort öffnete sich ein Fenster an gleicher Stelle wie vorher, das mir bekannt vorkam: „Hallo! Ich bin *Wama*, der KI-Assistent. Hast du ein Problem mit deiner Website oder deinem Konto? Erzähl mir alles darüber und ich helfe dir gerne."

„Ich möchte umgehend mit einer natürlichen Intelligenz sprechen statt mit einer künstlichen Intelligenz", schrieb ich in das Textfeld.

Wama antwortete plötzlich auf Englisch: „It sounds like you want to talk to a human. You can use the button below to connect to our Happiness Engineers."

Ich klickte auf den Button. Es öffnete sich ein Chatfenster auf der gegenüberliegenden Bildschirmseite. Kurzzeitig hoffte ich, dass dort vielleicht echte Unterstützung mit einem realen Menschen am anderen Ende der Leitung wäre. Doch bevor ich auch nur einen Buchstaben eintippen konnte, erschien die Nachricht: „Nachrichten konnten nicht geladen werden. Tippen Sie hier, um es erneut zu versuchen."

Tipp, Tipp, Tipp. „Ganz schlechter Tipp", resignierte ich. „Hier passiert gar nichts, Leute."

Ich schrieb: „Der Support-Chat funktioniert nicht. Es kommt die Meldung: *Nachrichten konnten nicht geladen werden. Tippen Sie hier, um es erneut zu versuchen.*“

Wama: „Wir haben erkannt, dass wir unsere schnellsten Antworten nach Dringlichkeit priorisieren müssen, sodass Sie wahrscheinlich nicht mehr so oft eine sofortige Antwort von unseren Mitarbeitern erhalten werden wie früher.“

Ach so, was auch immer das bedeutete. Wahrscheinlich, dass es gar keine Mitarbeiter mehr gab, weil sie beschlossen hatten, statt in der IT-Branche lieber als Tretbootverleiher in einem Freibad zu arbeiten.

Ich bemerkte, wie ein Gefühl leichter Hysterie in mir aufstieg, und schrieb: „Sag mal, könntest du mir vielleicht wenigstens einen Rat geben, warum mein Drucker in letzter Zeit Streifen macht?“

Wama: „Ich habe das nicht ganz verstanden. Ich bin hier, um Ihnen bei allen Fragen und Problemen im Zusammenhang mit der Website zu helfen. Bei anderen Fragen wenden Sie sich bitte an den Support.“

Ich beschloss, den KI-Zirkus zu beenden, und bastelte Jessicas Seite in einem ähnlichen, wenigstens verfügbaren Template wie dem alten wieder zusammen. Danach ging ich zu Kalles Nachtkiosk, um mir ein „Premium“-Pils der Spitzenklasse zu gönnen. Bevor ich einschlief, dachte ich noch darüber nach, dass es wohl einfacher wäre, Dackel Buffi beim Ballettunterricht anzumelden, statt mit einem KI-Bot zu reden.

Am nächsten Morgen hatte ich eine Nachricht von Jessica auf meinem Smartphone.

„Danke, dass du dich gestern noch drangesetzt hast. Das mit den Schriften ist jetzt viel besser!“

Ich sage Ihnen, in der IT gibt es keine Fehler, nur unerwartete Funktionsweisen – und alles wird doch noch gut, solange die Schriften stimmen.

Bitte schalten Sie den Computer nicht aus

Die digitale Welt hat uns seit Jahrzehnten fest im Griff. Ein schleichender Prozess kam eines Tages in Gang, und ehe wir uns versahen, war es zu spät, ein ganz einfaches Leben zu führen, ohne ein Double-Opt-In-Verfahren für eine Bestellung oder eine Banküberweisung ausführen zu müssen. Ganz zu schweigen von der ganzen Zeit, die uns gestohlen wird, während uns versprochen wird, dass wir mehr Zeit haben werden.

Fakt ist, wir bräuchten eigentlich eine Software, die uns beibringt, bewusst Software zu nutzen – für das, wofür sie mal gedacht war: als Werkzeug zur Vereinfachung und als Diener der Menschheit. Das klingt naiv? Nein. Aber wie komme ich darauf?

Stellen Sie sich vor, es ist ein ganz normaler Tag, was schon ungewöhnlich genug wäre. Sie sitzen bequem an Ihrem Schreibtisch, Ihr Computer läuft wie eine gut geölte Maschine von anno dazumal, und Sie genießen diesen Komfort, den nur jahrelange Gewöhnung an eine bestimmte Softwareversion bieten kann. Plötzlich taucht sie auf – die gefürchtete Nachricht: „Ein neues Softwareupdate steht zur Verfügung!“

Ihr Herzschlag beschleunigt sich, Schweißperlen treten auf Ihre Stirn, und Sie spüren ein leises Zittern in Ihrer Maushand. „Oh nein“, denken Sie, „nicht schon wieder!“ Sie haben bereits in der Vergangenheit erlebt, wie ein scheinbar harmloses Update unter dem Betriebssystem „Sinnlos 10 oder 11“ Ihr digitales Leben in ein Minenfeld verwandeln kann.

Für mich sind das die Momente, in denen neben den Buttons „Ja“ und „Nein“ ein weiterer Button auftauchen könnte, auf dem „Weiß nicht“ steht.

Die aktuelle Version ist wie ein alter, bequemer Pullover. Man kennt jede Macke, jede kleine Unvollkommenheit und hat sich damit arrangiert. Ein Update ist wie ein neuer Pullover – könnte besser passen, könnte aber auch furchtbar kratzen. Wie der Besuch des Vermieters: Man versucht freundlich zu sein, hat aber wegen irgendetwas einen flauen Magen.

Dann diese nagende Sorge: Was ist, wenn das Update die Lieblingsfunktionen entführt und sie durch unverständliche Neuerungen ersetzt? „Verbesserungen“, die oft der Code für „Sie werden nichts mehr wiederfinden“ sind, abgesehen davon, dass alle Grafiken und Menüführungen anders sein werden. Oder die Software funktioniert, aber ein altes Plug-in dazu nicht mehr. Dann sucht man in den unendlichen Weiten des Internets nach irgendwelchen Treibern, zum Beispiel die vom Drucker, der vor acht Jahren angeschafft wurde und bis gestern noch tadellos funktionierte.

Updates sollen Fehler beheben, aber wer glaubt schon an Märchen? Die Realität sieht oft so aus, dass neue Fehler wie kleine, ungebetene Gäste hereinspazieren und sich im System einnisten. Eigentlich hat man gar keine Lust und Zeit für solche Abenteuer. Trotzdem sitzt man da, kaut auf der Lippe herum und denkt: „Ja? Nein? Ja? Nein? Wackeldackel.“

Tief im Inneren hofft man dann doch, dass alles gutgeht, und dieser kleine Schimmer trägt dazu bei, auf „Jetzt aktualisieren“ zu klicken.

In diesem Zusammenhang möchte ich glatt eines der besten Fußballzitate der letzten Jahrzehnte von Jürgen Wegmann zitieren, der sagte: „Zuerst hatten wir kein Glück, und dann kam auch noch Pech dazu."

Jedoch gibt es durchaus seltene Varianten, bei denen ich mir vorstellen könnte, ein hundertprozentiges JA zu einem fehlerhaften Update zu sagen, sollte ich auf der Seite der Nutzer stehen. Im Jahr 2011 erlebte die Bank of Queensland einen ultimativen Moment, als ihre Geldautomaten plötzlich das zehnfache des gewünschten Betrags auszahlten. Kunden nutzten dies aus, um große Summen abzuheben, bis das Problem bemerkt und die Automaten abgeschaltet wurden. Der Fehler wurde auf ein Softwareupdate zurückgeführt, das nicht ordnungsgemäß getestet worden war.

Wenn Sie mich fragen, würde ich (als verantwortlicher Softwareentwickler) in diesem Fall Lothar Matthäus zitieren: „Wir dürfen jetzt nur nicht den Sand in den Kopf stecken."

Wie Abläufe in dieser kryptischen Welt missverstanden werden, kann ein österreichisches EDV-Beratungsunternehmen berichten; ich nenne sie einfach der Anonymität halber Ötzi Soft.

Ein Angestellter in einer Firma hatte Schwierigkeiten, seine Dateien auf einen neuen Computer zu übertragen. Nachdem er mehrfach gescheitert war, wandte er sich an einen IT-Techniker von Ötzi Soft und erklärte ihm sein Problem ausführlich, einschließlich der Schritte, die er bereits unternommen hatte.

Der Techniker hörte geduldig zu, als der Angestellte erklärte, dass er die Daten auf dem alten Computer mit einem Rechtsklick kopierte, dann die Maus absteckte, sie an den neuen Computer anschloss und dort mit einem weiteren Rechtsklick versuchte, die Daten einzufügen.

Es kann noch skurriler werden? Ja, lesen Sie weiter.

Ein E-Mail-Nutzer hatte Probleme, E-Mails zu verschicken und wandte sich deshalb an Ötzi Soft. Bei jedem Sendeversuch poppte ein Fenster auf, das besagte, die E-Mail könne nicht gesendet werden. Der IT-Support fragte daraufhin, welche Adresse der Nutzer denn verwende. Verärgert gab der Nutzer die Adresse an. Der IT-Techniker schaute kurz nach und sagte: „Kein Wunder, das ist eine Postanschrift." Der Nutzer, immer noch frustriert, antwortete: „Ja, ich weiß, aber die E-Mail lässt sich trotzdem nicht verschicken!"

Ein Computer-Besitzer war besorgt, weil immer wieder unkontrolliert Fenster auf seinem Bildschirm aufpoppten. Um Hilfe zu bekommen, rief er einen EDV-Techniker der Firma an und schilderte ihm sein Problem. Der Techniker fragte, ob irgendetwas mit der Tastatur passiert sei. Nach kurzem Überlegen antwortete der Anrufer: „Vielleicht liegt es daran, dass die Tastatur noch nicht ganz trocken ist. Ich habe sie vorhin nämlich im Geschirrspüler gewaschen!"

Als ich das las, dachte ich an die Momente, in denen mir die Idee kommt, den ganzen Computer in die Geschirrspülmaschine zu stellen, den Vollwaschgang zu drücken und danach nie wieder zu öffnen.

Ich könnte noch endlos weitermachen. Die Absurditäten der digitalen Welt hinterlassen Spuren, so tief wie der Grand Canyon. Irgendwann hat uns ein intergalaktischer Kubus einfach aufgesogen, uns zwischen den Maschinen assimiliert, und eine verzerrte Stimme flüsterte: „Widerstand ist zwecklos."

Neulich dachte ich, dass mich dieses ständige Sitzen am Computer nicht an den Rand eines anderen Universums bringt, sondern durch ein Wurmloch an den Rand einer Depression. „Gut", sagte ich, „Depressionen sind in Ordnung, solange man davon keine schlechte Laune bekommt“. Doch ich merkte, wie ich die ganze Zeit nörgelte, selbst wenn ich nicht am Computer saß. Eine Selbsterkenntnis sagte mir: Das beste Mittel gegen Nörgeln ist einfach, nicht zu nörgeln.

Weil ich diese Idee so gut fand, beschloss ich, Strategien zu entwickeln, die mich wieder zurück zur Quelle bringen. Ich meine dieses Gefühl, wo man noch mit Schäufelchen glücklich Häuser aus Sand baute.

Nun kann man ehrlicherweise nicht einfach aufhören, in den Computer zu schauen. Es ist ja eine Sucht, und Süchte brauchen Entwöhnung und die richtigen Momente für den Absprung. Fangen wir doch also einfach mal mit dem Nörgeln an.

Legen Sie zunächst einen „Nicht-Nörgel-Tag“ fest. Nehmen Sie sich vor, an diesem Tag nicht zu nörgeln. Legen Sie einen Zettel neben den Computer, auf dem steht: „Du da! Nicht nörgeln.“

Wenn Sie das geschafft haben, belohnen Sie sich mit etwas. Gehen Sie zum Beispiel in ein Blumengeschäft und kaufen Sie sich einen Strauß Blumen. Dann gehen Sie hinaus und bewerfen sich selbst mit den Blumen, wie es ein Präsident in den 1990ern bei befreundeten Staatsbesuchen noch erfahren durfte.

Drucken Sie ein paar Postkarten mit Ihrem Lieblings-Selfie aus – vorausgesetzt, der Drucker funktioniert – und geben Sie sich selbst Autogramme.

Erweitern Sie das Programm um die scheinbar undankbarsten Ideen. Klingeln Sie zum Beispiel beim Nachbarn und schenken Sie ihm 111 Euro. Achten Sie aber darauf, dass es genau 111 Euro sind, denn drei mal eins ergibt drei, eine Glückszahl. Diese Summe kommt somit wieder zurück. Oft sind dann noch ein oder zwei Nullen mehr dran. Das ist ein weiterer Schritt, um einfach ohne Computer irgendwo an einem Strand in der Sonne liegen zu können, anstatt die Bilder nur bei Google anzuschauen.

Der digitalen Entgiftung sind keine Grenzen gesetzt. Werden Sie wieder analog.

Kleben Sie sich ein Pflaster auf den Oberarm und schreiben Sie „Digital" darauf. Bei Nikotinpflastern funktioniert das auch!

Tun Sie sich Gutes. Gehen Sie mit Ihrem Laptop oder PC in die Sauna und stellen Sie ihn so lange auf den Ofen, während Sie entspannt in Reihe zwei auf Ihrem Handtuch sitzen. Wenn Sie möchten, können Sie auch einen Aufguss machen und so dem Computer etwas Gutes tun.

Treiben Sie Sport. Packen Sie Ihren Computer in einen Rucksack und gehen Sie mit ihm laufen. So lernen Sie, die Last der digitalen Welt zu überwinden.

Nach ein paar Wochen werden Sie feststellen, dass Sie einen Zustand der Erleuchtung erreicht haben. Und das nicht, weil Sie Horoskope oder spirituelle Botschaften aus Meditationen empfangen haben, sondern weil Sie der Informationsflut aus der Welt der Nullen und Einsen einen Riegel vorgeschoben haben.

Voller Glückseligkeit gehen Sie dann „Jesus like" zu Ihrem nörgelnden Chef, umarmen ihn vor allen Mitarbeitern auf dem Flur, drücken ihm das Firmen-Tablet mit all den Konzeptmäppchen in die Hand und sagen: „Chef, ich habe Sie lieb, aber ich muss gehen – und zwar für immer."

Kapitel 5
Wildnis daheim und anderswo

„Auch das Chaos gruppiert sich um einen festen Punkt, sonst wäre es nicht einmal als Chaos da."

© Arthur Schnitzler

Wenn man es braucht, ist es weg. Ist es da, braucht man es nicht.

Sie kennen das sicherlich. Selbst wenn man äußerst reduziert lebt und dem Trend des Minimalismus frönt, gibt es Dinge zu Hause, die man nicht erklären kann.

Da verschwinden wie aus heiterem Himmel plötzlich Gegenstände, bei denen man sich beim besten Willen nicht erklären kann, wie das passieren konnte. Ein gutes Beispiel ist das Geheimnis der Socke. Man füllt die Waschmaschine restlos mit der schmutzigen Wäsche aus der Wäschetruhe, und am Ende des Waschganges fehlt garantiert immer eine Socke. Wo ist sie hin? Nirgendwo liegt sie zufällig beim Aus- oder Einräumen herum. Nein, sie ist einfach weg.

Irritiert schaut man, ob die Trommel ein Loch hat. Man greift fünfmal hinein und tastet den Innenraum ab, ob man sie doch findet, und schaut sogar unter die Waschmaschine, um zu prüfen, ob sie beim Schleudern vielleicht herauskatapultiert wurde. Fehlanzeige.

Theorien besagen, dass sich die Socke beim Schleudern zwischen Tür und Waschtrommel durch die Gummidichtung vom Acker macht, wenn die Waschtrommel überladen ist. Wird die Socke nicht rechtzeitig geborgen, kann sie sich im Laufe der Zeit um den Heizstab wickeln. Glauben Sie mir, ich habe die Waschmaschine deswegen sogar schon mal aufgeschraubt, aber da war keine Socke am Heizstab.

Zur Beruhigung kann man sagen, dass beim nächsten Waschgang wahrscheinlich wieder eine Socke fehlen wird. So können Sie die übrig gebliebene Socke vom letzten Mal mit der jetzt übrig gebliebenen Socke kombinieren und haben wieder ein ganzes Paar – vorausgesetzt, sie sind gleichfarbig. Am Ende des Jahres haben Sie wahrscheinlich Ihren Bestand so reduziert, dass Sie nicht einmal mehr mit den Augen rollen, wenn man Ihnen zu Weihnachten Socken schenkt.

Weitere Dinge, die verschwinden, sind Stifte, Marker und Notizblätter. Besonders betroffen ist der Lieblingsstift, der fast täglich damit beschäftigt ist, sich zu verstecken. Ich weiß nicht, wer diese Farce über Nacht veranstaltet. Vielleicht ist Harry Potter doch nur eine Raubkopie aus der ganz normalen Realität.

Gott sei Dank hatte ich letztens ein Erfolgserlebnis, als ich einen linken Schuh suchte. Den hatte der Dackel Buffi des Nachts zerkaut und aus lauter Scham die Überreste unter der Couch versteckt. Zum Glück hatte er ihn nicht im Garten vergraben, ich wäre sonst verrückt geworden.

Neulich hat er bei meiner Tante ein halb fertiges Puzzle auf dem Wohnzimmertisch zerstört und drei Teile aufgefressen, die waren dann für immer weg.

Im Kuriositätenkabinett des Haushalts gibt es noch mehr zu entdecken. Da wäre die Sache mit den Batterien. Die Fernbedienung, die Funkmaus des PCs und Taschenlampen haben immer dann leere Batterien, wenn man sie am dringendsten braucht. Das Beste daran: Man hat keinen Ersatz im Haus. Man kauft Batterien immer erst, wenn sie aufgebraucht sind. Dann steht so eine Schale oder ein Karton herum, in dem sich die leeren Batterien sammeln – über Jahre hinweg, bis einige sogar anfangen, aufzuquellen und grün zu werden. Meistens begegnet man dem mit dem Satz: „Ach Mensch, den Karton müsste ich mal wegbringen." Während man das sagt, hat man schon wieder die Schranktür zugemacht, in der sich der Karton befindet.

Rechnungen und wichtige Unterlagen – Sie wissen genau, dass Sie diese abgeheftet haben, als Sie vor acht Jahren die Hausratversicherung abgeschlossen haben. Nur wo sind sie geblieben? Haben sie beim geduldigen Meditieren in der Schublade schon das Nirwana erreicht?

Das Gute daran ist, dass man beim Suchen manchmal auf Dinge stößt, die man schon lange vermisst hat. Ein kurzer Moment der Freude erhellt dann unser Gesicht und wir sagen vielleicht: „Ah, da liegt also mein Schulzeugnis." Man schaut es sich kurz an, legt es wieder hin und vergisst in den nächsten Tagen wieder, wo es lag.

In der Küche geht es weiter mit illustren Nachrichten des alltäglichen Wahnsinns. Kennen Sie das? Im Kühlschrank befindet sich garantiert immer ein Glas mit einem Langzeitversuch im Nachkühlen. Oft sind es Gurkengläser, bei denen die Gurken schon längst verzehrt wurden, das Gurkenwasser jedoch aus irgendeinem Grund weiterhin dort verweilen muss. Eine Art Magie in unseren Händen bringt uns dazu, das Glas mit dem Restwasser wieder ins Kühlfach zurückzustellen. Dort bleibt es dann über Monate hinweg und wartet auf, na ja, worauf eigentlich?

Ganz zu schweigen von den mysteriösen Marmeladengläsern, die im hinteren Teil des Kühlschranks eine Art Winterschlaf zu führen scheinen. Man fragt sich, wie es möglich ist, dass sie sich immer wieder hinter den Milchkartons und den Tupperdosen verstecken, nur um einem dann beim Aufräumen in einem weit fortgeschrittenen Zustand der Fermentation entgegenzulachen. Ähnlich verhält es sich auch mit Ketchupflaschen, Senftuben und Plastikverpackungen von geriebenem Parmesan. Glauben Sie ja nicht, dass da noch etwas drin wäre.

Gottes Gnade

Samstagmorgen, endlich Wochenende. Stille, Ruhe und Zurückgezogenheit. Ein neuer Tag bricht an, die Nacht weicht und die Sonne erhebt sich majestätisch am Horizont. Das tiefe Schwarz der Dunkelheit verwandelt sich allmählich in ein zartes Grau, das schließlich in ein strahlendes Blau übergeht. Vögel beginnen ihr bezauberndes Morgenlied und die Natur erwacht in einem symphonischen Zusammenspiel aus Farben und Klängen. Ein faszinierendes Schauspiel entfaltet sich, erfüllt von Freude und Lebenskraft. Es ist die pure Herrlichkeit, ein atemberaubendes Wunder, das jeden Morgen aufs Neue die Welt erhellt. Welch Poesie.

Doch halt, was war das? War das etwa ein …

LAUBPUSTER?

Ich rieb mir verschlafen die Augen und schaute auf die Uhr. Es war 08:30 Uhr und tatsächlich, ich wurde von einer dieser Höllenmaschinen wachgeküsst. Das konnte nicht wahr sein, dachte ich. Es war doch Samstag. Mein Kopf begann darüber nachzudenken, schon wieder einschlägige Gesetzesliteratur zu schmökern, um herauszufinden, ob Samstag überhaupt ein Werktag war.

Dann erinnerte ich mich an die letzte Begegnung mit einem dieser Gartenfloristen und resignierte. Ich hatte den Trupp darum gebeten, wenigstens in der Woche die Vorschriften einzuhalten, die streng sagten: Nicht zwischen zwölf und fünfzehn Uhr Laub wegpusten. Der Gartentrupp schaute mich nur verständnislos an. Es war, als ob man jemanden fragte, was sein Lieblingsbuch sei, und als Antwort bekam: „Ich lese keine Bücher."

Mittlerweile geben diese Maschinen keine Ruhe, egal in welcher Jahreszeit. Die kleinsten Blätter und Sandkrümel werden damit bearbeitet und samt Artenvielfalt und Mikrobiologie in den Orbit gepustet. Im Winter wird mit diesen Geräten sogar Schnee geräumt, dann allerdings schon morgens um 04:30 Uhr, denn die Leute müssen ja auf geräumten Gehwegen unfallfrei ab 05:30 Uhr zur Arbeit kommen. Gut, dass sie sich schon aufgrund des Lärms seit einer Stunde darauf vorbereiten konnten.

Was soll's, dachte ich an diesem Samstagmorgen, der ohnehin schon in den Brunnen gefallen war. Die würden irgendwann schon wieder gehen. Dabei fiel mir eine passende Geschichte ein, die ich irgendwann einmal im Netz gefunden hatte. Darin traf Gott auf eine Inkarnation des heiligen Franziskus. Da Gott sich immer Sorgen um uns machte, hatte er eine ganz spezielle Frage bezüglich der Pflanzenwelt. Zudem hatte er ein Gebet von einem Erdenbewohner erhalten, in dem er, Gott, gebeten wurde, der Sache mal auf den Grund zu gehen. Dazu bat er Franziskus als Beobachter in seinem Auftrag um ein Gespräch unter vier Augen in sein Büro.

Gott: „Franziskus, du bist doch vertraut mit der Natur und den Gärten. Kannst du mir erklären, was dort unten in Europa gerade passiert? Was ist los mit dem Löwenzahn, den Veilchen, den Fliederbüschen und all den anderen Pflanzen, die ich vor Äonen erschaffen habe? Ich hatte einst einen perfekten Gartenplan entwickelt, der kaum Arbeit erforderte. Ich glaube, es war an einem Samstagmorgen. Ja, an einem ganz normalen, ruhigen Samstagmorgen, so wie man ihn am Wochenende kennt."

Gott kratzte sich an seinem langen Bart und fuhr fort: „Der Plan war ganz simpel: Diese Pflanzen sollten in jeder Art von Boden gedeihen, kaum Wasser benötigen und sich reichlich vermehren. Der Nektar ihrer langlebigen Blüten sollte Schmetterlinge, Bienen und viele Singvögel anziehen. Ich hatte erwartet, dass die Erde voller blühender Gärten ist. Doch was ich sehe, sind nur grüne Flecken."

Der heilige Franziskus berichtete: „Herr, das liegt an den Vorstadtbewohnern, die sich dort niedergelassen haben. Sie begannen, deine Blumen als Unkraut zu betrachten und machten sich die Mühe, sie alle zu vernichten und durch Gras zu ersetzen."

Gott hob seine Augenbrauen. Er verstand nicht recht: „Gras!? Aber Gras ist doch eintönig und farblos. Es ist einfach nur grün.

Ich hatte die Natur bunt und lebendig entworfen. Gras lockt keine Schmetterlinge, Bienen oder Vögel an und ist empfindlich gegenüber Temperaturschwankungen. Sage mir, Franziskus, wollen diese Menschen wirklich nur grasbewachsene Flächen anbauen?“

Der heilige Franziskus antwortete: „Nicht wirklich, Herr. Sie düngen und bewässern es, aber kaum ist es gewachsen, mähen sie es wieder ab – manchmal sogar zweimal pro Woche. Mit einem Rasenmäher. Jeder hat einen, in den unterschiedlichsten Größen. Die Menschen investieren viel Geld in diese Geräte, die sie in den sogenannten Gartencentern kaufen.“

Gott, der stets neugierig war – deswegen hatte er sich auch so etwas wie Vulkane und den Blobfisch ausgedacht – hob den Finger, tippte sich an die Stirn und sagte: „Aha! Sie schneiden es mit einem Mäher kurz? Sie machen also Heuballen daraus?“

Der heilige Franziskus antwortete: „Nein, Herr. Sie harken es zusammen und stopfen es in Säcke.“

Gott begriff nicht ganz: „Aber warum in Säcke? Verdienen sie damit Geld? Verkaufen sie das Gras?“

Daraufhin sagte der heilige Franziskus: „Nein, Herr, im Gegenteil. Sie zahlen dafür, dass es weggebracht wird. Von einem Recyclingunternehmen.“

Gott sah man einige Sorgenfalten an, die sich auf seiner Stirn breitmachten: „Lass mich das richtig verstehen. Sie düngen das Gras, um sein Wachstum zu beschleunigen, und wenn es wächst, mähen sie es ab und bezahlen dafür, dass es entfernt wird?“

Der heilige Franziskus antwortete nun etwas betreten: „Ja, Herr!“

Gott überlegte eine Weile, dann sprach er, als hätte er verstanden: „Ah, diese Vorstadtbewohner müssen sehr glücklich sein, wenn wir im Sommer den Regen zurückhalten und die Hitze erhöhen. Das verlangsamt sicher das Wachstum des Grases und spart viel Arbeit."

Doch der heilige Franziskus antwortete: „Du wirst es nicht glauben, Herr, aber wenn das Gras aufhört, so schnell zu wachsen, holen sie ihre Gartenschläuche aus dem Keller und bezahlen viel Geld für die Bewässerung, damit das Gras weiterwächst und sie es wieder mähen und entsorgen können."

Gott wurde ungehalten: „Aber das ist doch absurd! Wenigstens haben sie einige Bäume stehen lassen. Das war eine meiner besten Ideen, Bäume zu erschaffen. Im Frühling tragen sie Blüten, welche die Landschaft verschönern, im Sommer spenden sie Schatten und im Herbst fallen die Blätter zu Boden und bilden eine natürliche Decke, welche die Feuchtigkeit im Boden hält und die Wurzeln von Sträuchern und Bäumen im Winter vor Kälte schützt. Die Blätter verrotten und werden zu Kompost, der den Boden verbessert. Ein perfekter Kreislauf des Lebens."

Franziskus versuchte zu antworten, doch Gott fügte noch hinzu: „Und sage mal, wieso bezahlen die Menschen für Wasser? Das habe ich doch für alle umsonst erschaffen!"

Der heilige Franziskus kratzte sich am Kopf und sagte: „Herr, du solltest dich setzen. Sobald die Blätter fallen, harken die Vorstadtbewohner sie zusammen und zahlen wieder dafür, dass sie entsorgt werden."

Gott stand auf und ging eine Runde durch sein Wolkenbüro. Dann nahm er einen Schluck Kaffee aus seinem Becher, auf dem „Chef" stand, und sagte mit gehobener Stimme: „Das ist doch unglaublich! Wie schützen sie die Wurzeln der Sträucher und Bäume im Winter vor der Kälte und halten den Boden locker?“

Der heilige Franziskus fing an zu schwitzen: „Herr, ich möchte dich nicht zornig machen. Aber nachdem sie die Blätter entsorgt haben, gehen sie in Baumärkte und kaufen etwas, das Mulch heißt. Sie schleppen es in Säcken nach Hause und verteilen es unter den Bäumen und Sträuchern anstelle der Blätter.“

„Und diese Säcke benutzen Sie dann wenigstens, um das Gras abtransportieren zu lassen?“ Gott dachte für einige Millisekunden tatsächlich über sein Alter und seinen geistigen Gesundheitszustand nach. Dann fiel ihm ein, mit welch geometrischer Glanzleistung er noch vor Minuten Norwegen konstruiert hatte, und er wusste ganz sicher: „Nein, senil sieht anders aus.“

Der heilige Franziskus antwortete: „Nein, Herr, diese Säcke werden extra abgeholt, durch eine gelbe Tonne.“

Gott winkte ab, schüttelte den Kopf und versuchte sich zu konzentrieren. „Gut, das versteht kein Gott. Dann beantworte mir wenigstens die Frage: Woher kommt dieser Mulch?“

Der heilige Franziskus antwortete: „Die Menschen fällen Bäume und schreddern sie zu Mulch.“

Gott sah Franziskus fassungslos an und rief: „Genug, genug, GENUG! Ich will darüber nicht mehr nachDENKEN!“

Während ich an diesem Samstagmorgen also über diese Geschichte nachdachte, krachte es draußen ganz laut. Ein plötzliches Gewitter war wie aus dem Nichts aufgezogen, und es regnete sintflutartig wie aus Eimern. Die drei Männer vom Garten- und Landschaftsbau Primmke packten so schnell sie konnten ihre Geräte wieder ein, flüchteten in ihren Lieferwagen und fuhren mit beschlagenen Scheiben davon.

„Danke, lieber Gott“, sagte ich und verschlief den ganzen Vormittag in seliger Bettenlandschaft.

Was uns sonst noch ärgert

Wie ich schon mehrfach andeutete, hat es unser zivilisiertes Dasein nicht nur geschafft, uns kandierte Bratäpfel aus einem Backofen zu zaubern, sondern es hat auch all die Dinge hervorgebracht, die uns ablenken und an unserer persönlichen, evolutionsbedingten Weiterentwicklung hindern, wie zum Beispiel dauerhaft rote Ampeln.

Ich habe daher ein kleines imaginäres Antioxidantien-Programm entwickelt, das auch Ihnen helfen könnte, den Querelen des alltäglichen Wahnsinns zu begegnen.

Was gibt es also für Dinge, die uns scheinbar noch so wahnsinnig machen?

Die Audioqualität der Lautsprecher an Drive-ins ist eigentlich kaum zu glauben. Ich weiß nicht, ob es zur Firmenphilosophie gehört, dass man dort an der Bestellbox nichts von dem versteht, was der Mitarbeiter sagt. Es ist, als ob die Ingenieure absichtlich eine Zeitreise in die 80er Jahre unternommen hätten, um sicherzustellen, dass jeder Bestellvorgang ein Ratespiel ist. Ich würde es als antikulinarisches Wortgulasch bezeichnen, was da aus dem Lautsprecher kommt.

Hier die Idee: Antworten Sie einfach in der gleichen Qualität zurück. Verstellen Sie Ihre Stimme zu diesem verzerrten Sound, sodass man Sie kaum versteht, und lassen Sie sich dann von einem

Überraschungsmenü verzaubern, zum Beispiel Pommes mit Pommes.

Sie renovieren gerade selbst Ihre Wohnung und haben Farbe gekauft. Die Henkel an den Farbtöpfen sind jedoch so dünn, dass man die Töpfe nicht durch die Wohnung tragen mag. Es fühlt sich an, als ob man versucht, einen Vulkan zu transportieren, der bereit ist auszubrechen. Nicht nur, weil Sie sich an diesem Henkelchen fast in die Hand schneiden, sondern auch, weil Sie Angst haben, dass es abreißt und die Farbe sich nicht an der Wand, sondern auf dem Fußboden verteilt.

Tipp: Kaufen Sie sich im Baumarkt einen Blumenroller dazu. So können Sie den Farbtopf durch die Wohnung rollen. Bei größeren Wohnungen können Sie auch eine Schubkarre verwenden. Zur Sicherheit kaufen Sie noch einen Plastikschwimmreifen für Kleinkinder, in den Sie den Farbtopf stellen können, damit er beim Fahren nicht umkippt. Das Modell „Goldener Schwan" kann ich empfehlen – es ist nicht nur praktisch, sondern auch ein echter Hingucker! Sie können dem Schwan auch einen Namen geben, zum Beispiel Siggi oder so etwas.

Haare, die im Staubsauger hängen bleiben, sind ein bekanntes Problem. Um das zu vermeiden, empfehle ich, in der Wohnung grundsätzlich eine Duschhaube zu tragen. Denken Sie jedoch daran, diese beim Duschen wieder abzunehmen. Je nach Größe passt so eine Haube auch über einen ganzen Hund oder eine Katze.

Die Zettel in Kleidungen sind lästig und kratzen. Wenn man versucht, den Zettel aus einem Hemd oder T-Shirt vollständig zu entfernen, reißt man oft den Stoff ein. Schneidet man ihn ab, bleibt ein Stück übrig, das weiterhin die Haut reizt. Eine einfache Lösung ist, das Hemd oder T-Shirt einfach umzudrehen und den Zettel außen zu tragen.

Wenn auf Lebensmittelverpackungen „Hier öffnen“ steht, es aber nie klappt und Sie schließlich eine Schere oder ein Messer holen müssten. Nur woher nehmen, wenn Sie unterwegs sind? Gehen Sie in einen Friseursalon und bitten Sie um eine Schere.

Zahnpasta, die von der Bürste ins Waschbecken fällt. Diesen Fall können Sie verhindern, indem Sie die Zahnpasta direkt aus der Tube saugen und anschließend mit der Bürste hinterherkommen.

Sie müssen sich wieder einmal ein neues Passwort ausdenken? Kein Problem. Brühen Sie sich eine Instant-Buchstabensuppe auf und fischen Sie die entsprechende Anzahl an Buchstaben aus der Suppe. Dann legen Sie diese aneinander. Achten Sie beim Einkauf darauf, dass in der Nudelsuppe auch Sonderzeichen enthalten sind, die Sie herausnehmen können. So erhalten Sie garantiert ein sicheres Passwort gegen Phishing.

Pfirsiche essen, ohne sich zu bekleckern, ist praktisch unmöglich. Um Ihre Würde zu bewahren und die Kleidung zu schonen, setzen Sie sich am besten nackt in die Badewanne. Nach dem Verzehr des Pfirsichs können Sie duschen und sich wieder anziehen. Den Pfirsichkern können Sie eventuell als Ersatz für den Badewannenstöpsel verwenden, falls Ihrer abhandengekommen ist. Eine ähnliche Taktik sollten Sie auch bei Chips anwenden. Die Tüten reißen beim Öffnen sowieso immer weiter auf als geplant und verteilen die Krümel im ganzen Zimmer. Gleiches gilt natürlich auch und ganz besonders für den Verzehr mitgebrachter Döner im Fladenbrot mit Currysoße.

Etwas in Sachen Hotline-Anrufe. Das Ertragen einer endlos dauernden Warteschleifenmusik habe ich umgangen, indem ich das Handy neben Buffi, den meist vor sich hin dösenden Pflegedackel meiner Tante, gelegt und solange etwas anderes gemacht habe

– zum Beispiel auf dem Sofa die Augen zu. Wenn nach ungefähr vierzig Minuten doch mal ein Mitarbeiter rangeht, bellt Buffi sofort, da er denkt, es wäre ein Eindringling. Ein Dackel ist jedenfalls auch in diesem Fall ein sehr treuer Begleiter.

Sie kaufen Spannbettlaken und nach zweimal Waschen passen sie nicht mehr auf die Matratze? Kaufen Sie gleich eine Nummer größer. Nach ein paar Wäschen sind diese dann passgenau.

Turnschuhe, die quietschen – Sie kennen das vielleicht. Chucks oder andere Schuhe, die Sie bequem und unauffällig in der Stadt tragen möchten, machen dabei Geräusche wie eine Ente. Angriff ist hier die beste Verteidigung. Kleben Sie sich entweder ein paar Entenaufkleber auf die Schuhe oder lassen Sie sich ein T-Shirt drucken, auf dem steht: „Ente gut, alles gut."

Wenn Sie im Restaurant etwas bestellt haben und das Essen Ihrer Begleitung besser aussieht, bitten Sie diese, die Augen zu schließen, unter dem Vorwand, Sie hätten eine Überraschung. Sobald sie die Augen geschlossen hat, vertauschen Sie die Teller. Nachdem sie die Augen wieder geöffnet hat, sagen Sie: „Du wirst es nicht glauben, aber ich habe meine Ernährung umgestellt."

Sie sind unterwegs, haben einen Geschäftstermin in einer anderen Stadt und suchen ein günstiges Hotelzimmer. Wie es der Zufall will, ist aber gerade Taylor Swift in dieser Stadt, und selbst die günstigste Variante bei Pension Schwöbbel, mit der Toilette eine Treppe tiefer, kostet schon 173,24 Euro ohne Frühstück. Gehen Sie einfach in das Hotel, in dem auch Taylor Swift übernachtet. Setzen Sie sich ein Taylor-Swift-Basecap auf und sagen Sie an der Rezeption mit gebrochenem englischem Akzent: „Hi! Ick bin Roadie for the Microphonetech von Taylor Swift! We hatten eine super Show, aber nun bin ick müde. Wo ist die Zimmer for the

Road Crew?" So bekommen Sie umsonst ein Zimmer in einem Fünf-Sterne-Hotel, müssen aber vielleicht damit rechnen, sich dieses mit einem schnarchenden, zwei Meter großen Truckfahrer aus Kentucky zu teilen.

Sie haben das Gefühl, dass am Ende des Geldes immer zu viel Monat übrig ist? Stellen Sie Ihr Leben auf den Kalenderentwurf von Moses Cotsworth um. Dieser Kalender teilt das Jahr in dreizehn Monate zu je achtundzwanzig Tagen, plus einen Extratag am Jahresende. So hält Ihr Geld länger bis zum Monatsende. Sie müssen nur noch Ihren Chef davon überzeugen, dass er das Gleiche tut.

Wie auch immer, versuchen Sie, das Beste aus den Herausforderungen des alltäglichen Lebens zu machen. Von Vorteil wäre es, wenn Sie immer darauf achten, dass es, obwohl Sie sechs Tore geschossen haben, am Ende nicht doch 3:3 steht.

Geben Sie immer 100 Prozent. 10 Prozent von Montag bis Freitag, den Rest am Wochenende.

KAPITEL 6

Feierabend - von Spaß war nie die Rede

„Die ersehnte Ruhe in der Freizeit hat ihre Tücken. Man könnte zum Nachdenken kommen."

© Oliver Hassenkamp

Yoga im Wendekreis der Ziege

Ein geflügelter Begriff, um den heutigen Strapazen des Alltagslebens etwas entgegenzusetzen, heißt: Selbstoptimierung. Dabei werden wir seit einigen Jahren nicht zu knapp in die fernöstlichen Lebensphilosophien entführt, um den westlichen Philosophien etwas Ausgleichendes entgegenzusetzen.

Von Transzendenz, dem Sanskrit, der Akasha-Chronik, Erleuchtung und Hingabe ist da die Rede, und man kann sagen, dass die kapitalistische Konsumgesellschaft insofern darauf reagiert hat, als sich daraus lukrative Geschäftsmodelle für Einzelpersonen ergeben haben.

Allein der Zubehörmarkt, um einen Sonnengruß zu performen, schoss wie ein übergroßer Champignon aus den Böden der Yoga- oder Pilatesstudios. Natürlich gibt es all das vom Experten: Yogamatten, Yogakissen, Yogastühle, Tücher mit Om-Zeichen, Original-Meditationsgesänge aus einem indischen Ashram oder auch Polster für alle möglichen Körperteile, bei denen man glaubt, man wäre von einem Airbag aufgefangen worden, um nun unbeschwert als Maikäfer auf dem Boden herumzurollen.

In den 1960er und 1970er Jahren erlebte Yoga einen Popularitätsschub in den USA und Europa, teilweise beeinflusst durch die Hippie-Bewegung und das Interesse an östlicher Spiritualität. Seitdem gehen viele Arten des Yoga durch die trendige Decke der westlichen Freizeitgestaltung. Varianten wie Power Yoga, Hot Yoga und, Sie werden es kaum glauben, sogar Yoga mit Ziegen!

Ja, Sie haben richtig gehört. „Goat Yoga“ nennt sich das Ganze im Fachjargon. Bei dieser Praxis führen Teilnehmer ihre Yoga-Übungen in Anwesenheit von Zwergziegen durch, die auf und um sie herum klettern. Während Sie also in voller Konzentration auf Ihrer Premium Jade-Harmony-Yogamatte versuchen, die Bhujangasana

– die Kobra – zu üben, steigt eine kleine Ziege auf Ihren Rücken, knabbert an Ihnen herum, macht Bocksprünge und blökt Ihnen ins Ohr. Das trägt zur Entspannung bei, auch wenn manch kleine Ziege natürlicherweise dabei ungeniert auf Ihr Mantrakissen kotet.

Es gibt sogar Bier-Yoga. Diese Kombination von Yoga und Biertrinken hat sich weltweit verbreitet. Die Idee ist, während der Yoga-Sitzung Bier zu trinken und so die körperliche und geistige Entspannung zu fördern. Raten Sie mal, wo diese Bewegung begann? Richtig, in Deutschland, wo sonst. Wobei mir in Sachen Bier auch Tschechien eingefallen wäre. Jedenfalls bin ich mir nicht sicher, ob dabei die ursprünglichen spirituellen und philosophischen Aspekte nicht allzu sehr in den Hintergrund treten. Wie auch immer, Yoga kennt man in Deutschland mittlerweile so wie das Wort Butter.

Erfolg ist beim Yoga nämlich so eine Sache, denn Yoga lebt von seiner Philosophie. Die Praxis darf nicht zu sehr den Anschein erwecken, dass es um Geld, Besitz, einflussreiche Kontakte oder sozialen Ruhm geht. Deshalb hängt der Erfolg im Yoga stark von den Lehrern und ihren Fähigkeiten sowie von Mund-zu-Mund-Empfehlungen ab. Stellen Sie es sich ein wenig wie beim Rolls-Royce vor, die verkaufen ihre Autos auch ohne Werbung.

Eine Bekannte machte mir eines Tages ein besonderes Geschenk. Sie schenkte mir einen Gutschein für eine Yogastunde im Studio „Harmonie der Sinne". Da ich abenteuerlustig veranlagt bin, nahm ich die Einladung an, meinen Körper und mich im Lotussitz, von Berg zu Baum, bei der Milch schleckenden Katze oder beim Halbmond zu bewegen. Wegen einer leichten Nackenverspannung kam mir die Sache auch ganz gelegen.

Angekommen, wurde ich von Räucherstäbchen-Duft, leiser Mantra-Musik von Deva Premal und einer freundlichen Frau um die

50 Jahre begrüßt. Sie reichte mir ihre Hand und sagte: „Willkommen, ich bin Sylvia Gnonnen. Du bist das erste Mal hier, richtig?“

„Ja, richtig. Ich habe hier einen Gutschein“, antwortete ich und gab ihr den Hochglanzflyer.

„Ah, schön, wahrscheinlich von der Mia. Sie ist wirklich sehr nett, oder?“

„Ja“, sagte ich kurz, um nicht den Anschein zu erwecken, dass wir etwas miteinander hätten.

„Schön. Du kannst dich gerne dort umziehen, und dann treffen wir uns im großen Retreat-Raum hier hinter dieser Tür. Bis gleich.“ Sylvia verschwand hinter der Milchglastür.

Ich muss gestehen, dass ich etwas nervös war. Ich komme nicht gerne als Letzter an, besonders nicht in ungewohnten Umgebungen in Verbindung mit neuen „Sportarten“. Die fünfzehn Paar (ausschließlich Damen-) Schuhe in der Umkleide trugen auch nicht gerade dazu bei, die Ruhe eines buddhistischen Zen-Meisters zu spüren.

Nachdem ich mir meine Jogginghose und ein Sport-Trikot angezogen hatte, betrat ich leise den Raum. Meine Vermutung sollte sich bestätigen: Ich war hier der einzige Quoten-Mann. Fünfzehn Frauen saßen mit geschlossenen Augen im Schneidersitz und konzentrierten sich darauf, die Einstimmung der Lehrerin zu empfangen. Sylvia zeigte mir mit einer leisen Handbewegung, dass es in der Mitte der dritten Reihe noch einen freien Platz für mich gab. „Na, super. Da sitze ich gleich unter voller Beobachtung“, dachte ich, doch die Damen beachteten mich nicht; sie atmeten – und zwar laut.

„Tief ein und aus! Wir sind alle eins. Himmel, Wasser, Erde“, sagte Sylvia über die leise vor sich hin plätschernde Mantra-Musik hinweg. Unbeholfen versuchte ich ebenfalls in einen Schneidersitz zu gelangen, merkte jedoch nach zwei Minuten, dass meine Knie schmerzten. Daher verharrte ich lieber in einer ganz normalen Sitzhaltung, allerdings ohne Stuhl. Um nicht nach hinten umzufallen, umklammerte ich meine Beine mit den Armen und versuchte im selben Rhythmus zu atmen.

„Stell dir vor, wie mit jeder Ausatmung dein Körper immer ruhiger und entspannter wird. Atme ganz natürlich, das heißt, du greifst nicht in deinen Atem ein."

Drei Frauen machten unisono ein langes Geräusch: „Haaaaaaaaaaa!"

„So klingt also Entspannung", dachte ich, war jedoch mehr damit beschäftigt, eine bequemere Sitzposition zu finden, indem ich meinen Körper etwas nach links rückte. Bis dahin war mir nicht bewusst gewesen, dass Yogamatten einen harten Parkettboden nur minimal abfedern können.

„Und jetzt tönen wir alle gemeinsam dreimal das lange Om für Frieden und zum Wohle aller Wesen", forderte Sylvia die Teilnehmenden auf.

„OOOOOOOOOMMMMM."

Da ich der einzige Bass im Raum war, fühlte ich mich etwas unterbesetzt und brummte daher nur leise mit. Nach dem dritten Om kratzte etwas in meinem Hals, aber ich wollte mir den Hustenreiz in diesem Raum der heiligen Stille verkneifen, was dazu führte, dass ein absurd anmutendes Röchelgeräusch meinen Mund verließ. Glücklicherweise schaute mich niemand schräg von der Seite an. Es schien hier wirklich alles zum Wohle aller Wesen zu laufen.

Dann lächelte Sylvia in die Runde, und als sie schließlich meinen Blick traf, sagte sie: „An dieser Stelle begrüßen wir einen neuen

Teilnehmer dort in der Mitte. Namasté und danke für dein Kommen. Schau einfach zu und mach bei den Übungen mit." Ich nickte und schaute ebenfalls in die Runde. Fünfzehn Frauen nickten mir zu, falteten die Hände zu einer Gebetsgeste nach dem Motto: „Wir beten für dich, was dir gleich widerfahren wird."

Was dann folgte, war eine Aneinanderreihung von indischen Wörtern und Körperverdrehungen im Stehen, Sitzen und Liegen auf dem Bauch, dem Rücken und der Seite, die mir völlig neu waren: Tadasana – die Berghaltung, Utthita Parsvakonasana – die Flankendrehung oder auch Virabhadrasana A – der Krieger I. Irgendwann fühlte ich mich auch wie der Krieger I, denn ich erinnerte mich daran, dass ich einmal eine Überschrift über Yoga gelesen hatte, die hieß: Schmerz ist dein Meister.

„Und immer im Atemrhythmus bleiben", ergänzte Sylvia stets zwischendurch ihre Übungen.

Irgendwie waren die Frauen um mich herum schon viel länger dabei oder ihre Physiognomie war eine ganz andere. Scheinbar leicht wie eine Feder absolvierten sie die Dehnungen und Verrenkungen und atmeten im Rhythmus: „Haaaaaaaaa!", machten wieder einige beim Pincha Mayurasana – dem Unterarmstand. Ich rate Ihnen, versuchen Sie diesen nicht ohne ärztliche Aufsicht einfach so nachzumachen.

Durchgeschwitzt und mit den ersten Symptomen eines Muskelkaters versuchte ich, alles zu adaptieren, was um mich herum geschah, bis Sylvia nach eineinhalb Stunden die Übungen mit einer Visionsreise abschloss. „Haaaaaaaa!", hörte ich mich erleichtert ausatmen. Na bitte, geht doch. Kann ich auch.

Die Visionsreise gefiel mir, weil man nichts anderes machen musste, als auf dem Rücken liegen und lauschen, was Sylvia nun erzählte. Sie schlug eine Klangschale an und sprach:

„Fühlt die Erde unter euch. Spürt die feste, nährende Energie von Prithvi, der Mutter Erde. Stellt euch vor, dass Wurzeln aus euren Füßen und eurem Steißbein wachsen und tief in die Erde hineinreichen. Diese Wurzeln verbinden euch mit der unendlichen Weisheit und Kraft der Erde.

Nun richtet eure Aufmerksamkeit nach oben. Stellt euch den weiten, endlosen Himmel – Akasha – vor. Er ist unendlich. Ein sanftes, goldenes Licht – Jyoti – beginnt vom Himmel herab zu scheinen und umhüllt euch mit einem schützenden und heilenden Kokon. Dieses Licht durchdringt euren ganzen Körper, jede Zelle, jedes Atom und füllt euch mit Liebe, Frieden und Harmonie. Tief in eurem Herzen lebt euer wahres Selbst, euer Atman."

„Ich kannte mal einen Atman, der war aber Hausmeister im Fundbüro", dachte ich und versuchte weiter hinzuhören.

„Stellt euch vor, dass ihr in euer Inneres reist, durch einen lichtvollen Tunnel, der direkt zu eurem Herzen führt. Dort angekommen, begegnet ihr eurem inneren Wesen. Es strahlt in reinem, göttlichem Licht und lächelt euch liebevoll an. Nehmt euch einen Moment, um die Präsenz und die bedingungslose Liebe dieses Wesens zu spüren."

Eigentlich war das eine ganz schöne Vorstellung. Ich versuchte, dieses Wesen anzuschauen, doch es verschwand hinter einem großen Einkaufszettel, den ich nach der Yogasession noch abarbeiten musste.

„Ihr seid eins mit allem, was ist. Langsam beginnt ihr, euren Atem wieder bewusster wahrzunehmen. Spürt die Unterlage unter euch und die Umgebung um euch herum. Nehmt euch Zeit, um langsam zurückzukehren, ohne Eile. Beginnt, eure Finger und Zehen zu bewegen, streckt euch sanft, und wenn ihr bereit seid, öffnet eure Augen. Namaste. Om Shanti."

Während ich versuchte, meine Finger, Zehen und den Körper zu strecken, merkte ich, wie mich etwas daran hinderte. Nämlich ein Geräusch. „Moment mal“, dachte ich, „da schnarcht doch jemand?“ Eine Hand berührte mich sanft und rüttelte an mir, sodass ich wach wurde. Verwirrt lauschte ich dem Schnarchen, bis mir plötzlich klar wurde: Hoppla, das bin ja ich selbst!

Später, als alles vorbei war und die Frauen und ich uns wieder umgekleidet hatten, kam Sylvia auf mich zu und fragte: „Und, wie hat es dir gefallen?“ Ihre Augen funkelten neugierig, während ich nach den richtigen Worten suchte.

„Inspirierend“, sagte ich, während mein linkes Knie pulsierte wie die Drums von Aretha Franklins „Respect“. „Das ist etwas neu für mich, mit Licht, Wurzeln, Shanti und Akasha.“

Sylvia nickte verständnisvoll und sagte: „Klar. Kommst du noch mit ins „Shooters“? Wir gehen alle noch ein Bier trinken.“

Sie können sich sicher vorstellen, dass es eine Weile dauerte, bis meine Kinnlade wieder den Weg nach oben fand. Mein Rat an Sie: Sollten Sie einmal einen Gutschein für irgendetwas bekommen und sich fragen, ob es sich lohnt, lassen Sie sich einfach darauf ein! Am Ende treffen sich wahrscheinlich ohnehin alle im „Shooters“.

Kochen bis die Feuerwehr kommt

Der Feuerwehr kann man immer wieder danken, denn sie bewahrt, rettet und schützt uns vor den extremen Dingen des alltäglichen Wahnsinns.

Trotz der Gefahren und unangenehmer Situationen gibt es auch hier Anekdoten. Ich meine nicht die obligatorischen ausgelassenen Feste der Freiwilligen Feuerwehr, sondern jene, die sich im Einsatzalltag ergeben und den Männern und Frauen in den Rettungsanzügen ihrer humorvollen Skurrilität selbst den Tag retten.

Ein guter Bekannter von mir ist hauptberuflicher Feuerwehrmann und erzählte mir jüngst eine solche Kuriosität. Die Meldung kam gegen 18:00 Uhr in der Zentrale an. Eine Frau berichtete aufgeregt am Telefon, dass bei der Nachbarwohnung Rauch aus dem Fenster komme. Sie hätte schon geklingelt, doch niemand schien da zu sein.

Sogleich machten sich die tapferen Retter, ausgerüstet mit Atemschutzmasken und allerlei technischen Raffinessen, auf den Weg. Das Feuerwehrfahrzeug bahnte sich seinen Weg durch die abendliche Rushhour wie ein heißer Löffel durch kalten Pudding. In Windeseile erreichten sie die angegebene Adresse und eilten die Treppen hinauf, zwei Stufen auf einmal nehmend.

Oben angekommen fanden sie die entsprechende Wohnungstür, unter der dichter Rauch hervorkroch wie in einem schlechten Grusel-B-Movie. Mein Bekannter erklärte mir, dass es fatal sein kann, die Tür in solchen Situationen einfach aufzubrechen. Ist es ein kleiner schwelender Brandherd, kann das Feuer so erst seinen extremen Sauerstoffbedarf bekommen. Der Sog ist so stark, dass ein Feuerwehrmann hineingesogen wird, wie Schorle durch einen Strohhalm. Sein Vordermann, ein alter Hase, öffnete zunächst den Briefschlitz der Wohnungstür. Außer Rauch war nichts zu sehen, nur ein wabernder Nebel, der ihnen entgegenschlug, begleitet von einem intensiven Aroma.

„Riechst du das auch?“, fragte er meinen Bekannten.

„Ja, aber was ist denn das? Riecht total nach Frittenbude“, antwortete dieser.

Da von hier aus kein Brandherd zu sehen war und auch bei ihrer Ankunft keine Flammen aus dem Fenster schlugen, brachen sie die Tür schließlich auf. Dann verteilten sich die fünf Männer in der Wohnung, um so schnell wie möglich die Ursache zu finden.

Durch den Nebel erkannte mein Bekannter, dass im Wohnzimmer jemand friedlich schlafend auf seinem Sofa lag. Mit professioneller Routine weckten sie den Mann, der sich sogleich höllisch erschreckte, da die Feuerwehrleute mit ihren Masken vor ihm standen, als würde ihn das Jüngste Gericht abholen. Er stammelte etwas von „nur fünf Minuten die Augen schließen, oh Herr!".

Aus der Küche rief ein Feuerwehrmann: „Ich habe den Übeltäter!"

Der Bewohner hatte im Herd ein halbes Hähnchen vergessen, weil er von der Arbeit erschöpft auf dem Sofa eingeschlafen war. Der Braten hatte mittlerweile das Stadium eines gegrillten Meteoriten erreicht und verbreitete einen Geruch, der selbst die hartgesottenen Feuerwehrleute unter der Maske zum Husten brachte.

Während ein Teil des Teams den Ofen ausschaltete und das verkohlte Hähnchen in einer blitzschnellen Bewegung in einen Metalleimer verfrachtete, öffneten die anderen Fenster und Türen der ganzen Wohnung, um den Rauch hinauszulassen. Von außen sah es aus, als würde sich eine Rakete zum Start vorbereiten.

Der Gerettete, nun vollständig wach und peinlich berührt, versuchte sich zu bedanken und gleichzeitig zu entschuldigen. „Beim nächsten Mal vielleicht lieber einen Wecker stellen, wenn etwas im Ofen liegt", sagte einer der Männer, während er seine Atemmaske abnahm und ein Grinsen nicht unterdrücken konnte.

Noch Wochen später, nachdem sich der Rauch verzogen hatte und die Feuerwehrleute ihre Ausrüstung wieder verstaut hatten, blieb ein schwacher Duft von verbranntem Hähnchen in der

Luft hängen, eine Erinnerung an diesen kuriosen Einsatz. Und der Bewohner? Der versprach hoch und heilig, beim nächsten Kochversuch die Augen offenzuhalten – zumindest so lange, bis das Hähnchen sicher aus dem Ofen war.

Ein Tipp von mir: Wenn Sie nach der Arbeit zu müde zum Kochen sind, legen Sie sich lieber erst hin, bevor Sie kochen. Ernährungsberater haben zudem herausgefunden, dass man nach dem Schlafen auch viel weniger Hunger hat. Das bringt nicht nur eine schlankere Linie, sondern sorgt auch dafür, dass das Feuerwehrfahrzeug und die Menschen, die darin umherfahren, nicht zum Einsatz kommen müssen.

Männer und Schuhe

Letztens hatte Buffi, wieder mal einen meiner Schuhe entführt. Nach langem Suchen fand ich ihn schließlich im Mülleimer unter der Spüle. Abgesehen davon, dass ich es rätselhaft fand, wie Buffi das geschafft und hinterher auch noch den Deckel zugemacht hatte, fiel mir auf, dass der Schuh eigentlich schon das Zeitliche gesegnet hatte. Die Sohle war bereits eingerissen – ich wunderte mich schon, warum ich bei Regen immer nasse Füße bekam – und vielleicht war das eine Nachricht aus Buffis Tierwelt, mir ein paar neue Schuhe zuzulegen. Also ging ich in den Schuhladen.

Die Schuhwelt ist eine geheimnisvolle Welt für sich. Irgendwann kam mal jemand darauf, Schuhsegmente in ihren Preisen und Ausstattungen genauso zu gestalten, wie Immobilien oder Autos. Man kann sich mit einem Kleinwagen begnügen, sich aber genauso gut einen Ferrari über die Füße ziehen. Die Richterskala im Schuhbusiness ist nach oben offen, was den Luxusgrad betrifft.

Ich hingegen bin sehr praktisch veranlagt. Drückt der Schuh nur im Geringsten, wandert er sofort wieder ins Regal, das Aussehen ist mir dann egal. Aus langer Erfahrung weiß ich, dass es auch beim

„Einlaufen" nicht besser wird. Das Wort „Einlaufen" ist eine clevere Marketing-Erfindung, um einen Monat später wiederzukommen und sich ein anderes Paar zu kaufen, welches nicht drückt.

In meinem Beuteschema überlebte dadurch nur eine einzige Schuhverkaufsfirma, die es wirklich geschafft hat, dass man beim Hineinschlüpfen denkt: „Mensch, wie machen die das? Der Schuh fühlt sich an, als wäre er schon eingelaufen." Leider im Preissegment nicht so ganz der Kleinwagen.

Als ich bei „Schuh Poffke" hereinkam, begrüßten mich am Kasseneingang drei Rollwagen mit Badelatschen in den Farben Blau und Weiß. Es roch stark nach Gummi, und angesichts des Sonderpreises von 5,95 Euro für diese Schlappen vermutete ich, dass sie entweder aus alten Autoreifen oder gar in einer Autoreifenfabrik als Nebenprodukt gefertigt worden waren.

„Schuh Poffke" ist ein großes Geschäft mit langen Reihen. Links die Kinderabteilung mit zwanzig Regalen, dahinter die Männerabteilung mit zehn Regalen und rechts die Frauenabteilung mit vierzig Regalen. Dort sind die Gänge schmaler gestaltet, weil mehr Regale mehr Platz brauchen. Zwei Mitarbeiterinnen des Ladens sortierten dort gerade Neuware ein und tackerten die Preise in „Sommerschlussverkauf" um.

Zielstrebig wollte ich auf das Männerregal Größe 43 im hinteren Bereich zugehen, wurde aber vorerst von einem runden Sonderangebotsaufsteller für Männerschuhe gestoppt, der die Aufschrift 19,95 Euro trug. Darin tummelten sich allerlei Schuhe, die auf den ersten Blick gar nicht schlecht aussahen. Der „Sparfuchs" in mir klopfte an mein unschuldiges Denkzentrum und sendete: „Probier' doch mal die Dinger an. Vielleicht passt das ja auch."

Leider gab es wegen der Vielzahl an Sonderangeboten (und weil sonst nicht alle in das Regal gepasst hätten) von jedem Schuh nur die linke Version. Der rechte Schuh war irgendwo im Kartonstapel neben dem Rollregal zu finden. Beim Anprobieren ging ich also mit meinem alten rechten Schuh und dem neuen linken ein paar Schritte. Eigentlich reicht das oft aus, um zu spüren, ob der Schuh passt. Doch ich hatte kein richtiges Gefühl dafür, da ich Rechtsfüßer bin.

Die Kassiererin, Frau Wiśniewski – ich hatte ihren Namen auf einem Schild an der Kasse gesehen – machte eine Durchsage: „Frau Gündür, bitte Kasse kommen! Frau Günder, bitte!"

Da das Sonderangebotsregal relativ weit vorn im Hauptgang neben der Kinder- und Jugendabteilung stand, konnte ich gleichzeitig auch noch ein Gespräch zwischen Tochter und Mutter belauschen.

Tochter: „Oh, menno!"

Mutter motivierend: „Probier' doch die mal an."

Tochter: „Oooohh Mahaann Mama, können wir die nicht online bestellen, dann muss ich nicht raus. Hier ist es viel zu warm und es stinkt!"

Mutter: „Oder die hier, Schatz!?"

Tochter: „Pfffffffff!"

Im Hintergrund stand ein großer Flachbildfernseher, eingerahmt in eine lila Holzbox mit Marienkäfern und Schmetterlingen darauf. Der Trickfilm, der gerade lief, und sein Hauptprotagonist, ein dicker Frosch mit einem gelben Hut, konnten das Kind auch nicht begeistern.

Ich erinnerte mich daran, als ich klein war und meine Mutter mich in die Schuhläden mitschleppte. Damals konnte ich zum ersten Mal miterleben, wie lange es dauern kann, bis Erwachsene die Schuhe finden, die sie tragen werden. Es war sterbenslangweilig, und ja, den Geruch fand ich auch schon früher unerträglich. Schuhläden und Kinder passen irgendwie nicht zusammen. Vielleicht möchte hier eine neue Marktlücke entdeckt werden, wie man beides miteinander verbinden kann. Vielleicht Schuhverkauf mit Wasserrutsche oder Hüpfburg.

„Frau Gündür, noch mal Kasse bitte! Brauche Preis, Frau Gündür!“, rief Frau Wiśniewski noch einmal über die Hausanlage.

Nachdem ich sechs linke Sonderangebots-Schuhe durchprobiert hatte, beschloss ich, das Experiment am Rollregal zu beenden und begab mich in den Herrengang Größe 43. Ich scannte die Fächer ab, und nach einer Weile fiel mir ein Schuhpaar ins Blickfeld, das ich zumindest optisch ganz gut fand. Es stammte zwar nicht von meiner Lieblingsfirma, aber Probieren geht über Studieren. Ich zog den rechten Schuh an: passte. Ich zog den linken Schuh an: passte auch. 29,95 Euro. Nicht schlecht!

Schräg gegenüber in der Frauenabteilung standen zwei Damen, die sich beim Schuhkauf gegenseitig berieten.

„Oh, der ist aber chic!“, sagte die eine.

„Ja, aber die passen so gar nicht zu meinem Rock“, antwortete die andere.

„Dann nimm doch einen anderen Rock“, erwiderte die Begleiterin.

„Das ist aber mein Lieblingsrock“, entgegnete die Frau, welche die Schuhe anprobierte.

„Mein Lieblingsrock kommt von der Band Muse“, dachte ich und kicherte entzückt in mich hinein, weil ich den Witz wirklich gut fand.

Ich schaute mich im großen Wandspiegel an, der an einem Stützpfeiler montiert war, und betrachtete die potenziellen neuen Schuhe. „Hmmm“, dachte ich. Das, was die Frau nebenan monierte, könnte seine Berechtigung haben. Irgendwie passten die Schuhe nicht zu meiner Hose. Meiner Lieblingshose! Abgesehen davon besitzen viele Männer ohnehin nur drei Paar Hosen, und eine davon ist eine Jogginghose, was die Möglichkeiten deutlich einschränkt. Ich war auf ähnlichem Terrain unterwegs, denn meine Zweithose ähnelte meiner Lieblingshose.

„Gut, was soll‘s“, dachte ich, zog die Schuhe wieder aus und wandte mich der Abteilung zu, die ich bis jetzt vermieden hatte: meiner Lieblingsschuhfirma. Warum hatte ich bis jetzt gezögert? Die Antwort ist einfach: Geiz. Diese Treter haben, solange ich lebe, immer einen soliden Preis, selbst im Sommerschlussverkauf und auch an diesem Tag.

Ich sah einen dieser Markenschuhe, wusste sofort, dass er es ist, zog ihn an und tatsächlich, er war es. Was für eine Wohltat, außer über den Preis, nicht nachdenken zu müssen. „Jetzt nur noch den anderen“, dachte ich, doch … wo war der andere Schuh? Ich suchte in der näheren Umgebung, fand jedoch den linken Schuh nicht.

Nach ungefähr fünf Minuten Suche beschloss ich, Frau Wiśniewski zu fragen. Ich nahm den Schuh in die Hand und ging zur Kasse. „Den hätte ich gerne, aber der linke Schuh fehlt im Regal“, sagte ich.

Frau Wiśniewski schaute mich an. „Haben Sie geguckt?“, fragte sie mich.

„Ähm, ja, ich habe geguckt“, antwortete ich.

Sie nahm ihr Tischmikrofon in die Hand, drückte den Taster und rief: „Frau Gündür, Kasse! Kunde braucht zweite Schuh!“

Frau Gündür kam nach vorne, sah mich an, dann den Schuh und fragte freundlich: „Was Problem?“

„Kunde sagt, fehlt zweite Schuh!“, sagte Frau Wiśniewski.

„Haben Sie geguckt?“, wiederholte Frau Gündür Frau Wiśniewskis Frage von vorher.

„Ja, ich habe geguckt“, wiederholte ich mich wiederum.

„Gucken wir!“, sagte Frau Wiśniewski und machte eine Handbewegung in Richtung Regal Größe 43. Ich lief ihr mit dem Schuh hinterher. Dann standen wir vor dem Regal und ich zeigte ihr die leere Stelle. Sie rieb sich das Kinn und sagte: „Hmmm, komisch. Fehlt.“

„Ja, fehlt“, plapperte ich wie ein Papagei nach.

„Sonst probieren Sie dem hier an, ist auch von der gleiche Firma.“ Sie nahm ein paar Schuhe aus dem Regal und hielt sie mir entgegen.

„Ja, an die hatte ich auch schon gedacht. Aber der hier ist noch besser.“

Frau Gündür beachtete die Bemerkung nicht und sagte burschikos: „Probieren Sie an!“ Eingeschüchtert von ihrem südeuropäischen Befehlston befolgte ich die Anweisung und zog die Schuhe an.

„Und?“, fragte sie und hob die Augenbrauen.

„Perfekt“, sagte ich und hielt den Like-Daumen hoch.

„Na, sehen Sie, passt auch. Kaufen Sie diesem. Ist egal.“ Sie zwinkerte mir zu und verschwand.

Etwas betreten stand ich da und überlegte. Mir wurde bewusst, dass Frau Gündür mich überzeugt hatte und ich ging zur Kasse, um zu bezahlen. Frau Wiśniewski empfing mich freundlich. „Und? Hat geklappt mit Schuh?“, fragte sie mich und scannte den Preis ab.

„Ja, sind nur andere Schuhe von dieser Marke. Aber auch gut!“

„Ah ja, sehe ich das. Ist bisschen andere Farbe, aber passt gut zu Hose.“ Sie zeigte auf meine Hose und nickte. Ich nickte zurück. Plötzlich stand Frau Gündür neben mir. „Ich habe jetzt dem zweiten Schuh gefunden“, sagte sie und hielt mir nun meine erste Wahl als Schuhpaar vor die Nase.

„Oh, sagte ich. Toll! Und wie machen wir das jetzt?“ Ich schaute Frau Wiśniewski an, im Sinne von Rückgabe, Storno und neu einscannen. Frau Gündür sagte: „Ganz einfach. Sie kaufen beide Paar.“

Ich schaute sie kurz an und sagte zögerlich: „Ähm. Nee, ich glaube …“

„Brauchen Sie nicht noch mal kommen dieses Jahr. Haben Sie zwei Paar. Hält länger! Und passen beide auch gut zu Ihrem Hose.“

„Ja, hält länger!“, bekräftigte Frau Wiśniewski Frau Gündürs Vorschlag.

Ich schaute die beiden Frauen abwechselnd an. Sie schauten zurück und lächelten freundlich, wie zwei Flugbegleiterinnen, die in achttausend Metern Höhe die Apfelschorle für 6,95 Euro in ihr Kreditkartenlesegerät eintippen. Wer konnte da widerstehen?

Zu Hause angekommen, setzte ich mich auf mein Sofa. Die Schuhquittung hatte ich erst einmal dort geparkt, wo ich sie so schnell nicht finden konnte. Der Ausflug sollte wenigstens unter die Kategorie „günstig" fallen, war er aber nicht. Trotzdem freute ich mich jetzt über meine Entscheidung, den Geiz beiseitegelassen und sogar die Fülle eingeladen zu haben. Um mein Tagwerk zu betrachten, stellte ich beide Paar Schuhe noch einmal vor mich auf den Teppich.

Der Dackel Buffi, der mich natürlich stürmisch begrüßt hatte und jetzt nach seiner „Zu-Hause-artig-warten-Belohnungsmahlzeit" aus der Küche kam, setzte sich neben mich und schaute mich mit seinen treuen Augen an. Dann schielte er auf die Schuhe, wedelte mit dem Schwanz und fiepste leise. „Untersteh dich, Buffi!", sagte ich. Er verstand.

Ich weiß bis heute nicht, ob Frau Wiśniewski und Frau Gündür eine besondere Art von Marketingschulung hinter sich hatten, ob die Sache mit dem fehlenden Schuh nur ein Trick war oder alles reiner Zufall. Jedenfalls war da etwas in den Gesichtern der beiden, was das Leben erleichtert: Vertrauen. Also vertraute ich in etwas, das größer ist als jedes Preisschild dieser Welt. Das ist das Beste, was man machen kann, selbst dann, wenn man glaubt, im Alltagswahnsinn baden zu gehen. Vertrauen Sie, dass am Ende doch alles gut wird.

Schlusswort

„Mit Würde auf der Welt zu sein heißt, jeden Tag sein Horoskop zu korrigieren."

© *Umberto Eco*

Bei einem Schlusswort erwartet man immer eine Art Essenz. Ich muss gestehen, ich habe keine parat. Mein Fazit ist eher: Wir leben alle zusammen auf dieser Erde, aber scheinbar auf verschiedenen Planeten. Tante Gitti, Buffis Frauchen, würde darauf erwidern: „Kopf hoch, das wird schon."

Wenn ich dabei behaupten würde, ich hätte für all die alltäglichen Irrwege unserer Existenz eine Antwort, wäre ich vermutlich ein Trainer, der auf seine Entlassung hinarbeitet.

Sobald wir versuchen, dem Alltagswahnsinn etwas entgegenzusetzen, scheint er uns doppelt so intensiv zu treffen. Das ist wohl das Gesetz der Resonanz. Füttert man eine streunende Katze, kommt sie jeden Tag vorbei. Ich würde das auch so machen. Bisher habe ich mich nur nicht getraut, mich vor ein Fenster eines Nachbarn zu setzen und „miau" zu machen.

Aber was tun, um diesen Alltagswahnsinn zu überleben, ohne selbst zum Wahnsinnigen zu werden?

Das Gesetz der Murphys nutzen: Gehen Sie davon aus, dass alles schiefgeht, was schiefgehen kann. Dadurch werden Sie nur selten enttäuscht und können sich über die seltenen, positiven Überraschungen umso mehr freuen. Mir ist das – Gott sei Dank – schon passiert, zum Beispiel beim Schuhkauf, beim Abend im Shooters mit den dreißig Yogafrauen oder als „Zechpreller" in der Deutschen Bahn. Geben wir die Hoffnung nicht auf. Hat Ihr Fahrrad ein plattes Rad? Prima, endlich haben Sie einen Grund, zu Fuß zu gehen. Lassen Sie die Chucks so richtig quietschen.

Schreiben Sie To-do-Listen mit Aufgaben, die Sie garantiert nicht erledigen werden. So haben Sie immer das beruhigende Gefühl, dass die wirklich wichtigen Dinge erledigt sind. Glauben Sie mir: Was einem da für ein Stein von den Schultern fällt, wenn man merkt, dass man gar nichts mehr muss, außer irgendwann zu sterben.

Nutzen Sie den Humor als treuen Patron in der Finsternis. Wenn Ihnen das Leben Zitronen gibt, machen Sie Limonade daraus. Mit den eigenen Krokodilstränen gelingt das. Wenn es die Situation erfordert und es unangebracht wäre zu lachen, entschuldigen Sie sich kurz und gehen Sie zum Lachen in den Keller. Irgendwo gibt es auch immer eine Besenkammer oder einen Wandschrank.

Am Ende des Tages sollten Sie sich daran erinnern, dass wir alle in diesem Wahnsinn zusammenstecken und es keinen besseren Weg gibt, ihm zu begegnen, als mit einem Lächeln und einer großen Tüte Chips. Der Alltag wird uns weiterhin überraschen, überrollen und manchmal auch auslachen. Aber solange wir zurücklachen können, haben wir den Kampf gegen den Alltagswahnsinn schon halb gewonnen. Ach, was sage ich. Kampf ist ja schon wieder zu viel. Beim Kämpfen holt man sich ja den Tod und andere schwere Krankheiten. Hier geht es ums Leben!

In diesem Sinne: Machen Sie es gut oder auch besser.

P.S.: Sollten Sie mich erreichen und mir ein Feedback geben wollen, entschuldige ich mich schon jetzt. Es könnte gut sein, dass die Antwort dauert. Wahrscheinlich bin ich nämlich gerade bei einem Tretbootverleih an der Algarve angestellt und habe gerade Mittagspause, von 09:30 Uhr bis 17:15 Uhr.

Printed in Poland
by Amazon Fulfillment
Poland Sp. z o.o., Wrocław

44332616R00078